Lucien **SOLVAY**

AU PAYS

DES

ORANGERS

ILLUSTRATIONS

de F. **STROOBANT** et de César **DELL' ACQUA**

A **BRUXELLES**

chez Henry **KISTEMAECKERS**, *éditeur*

65, RUE DES PALAIS, 65

—

1882

Au Pays des Orangers.

DU MÊME AUTEUR

Lucien SOLVAY

AU PAYS

DES

ORANGERS

ILLUSTRATIONS

de F. STROOBANT et Cesare DELL' ACQUA

A BRUXELLES
chez HENRY KISTEMAECKERS, *éditeur*
65, RUE DES PALAIS, 65

1882

AU LECTEUR

Ceci n'est pas un voyage de découvertes. L'auteur laisse aux excursionnistes naïfs le soin d'inventer encore l'Italie. Il a voulu simplement réunir ici quelques notes, quelques impressions toutes personnelles sur le plus beau pays du monde, le pays « où fleurit l'oranger », si rêveusement poétisé par la mélancolique figure de Mignon, et que tout le monde connaît, aujourd'hui que tout le monde voyage.

Au Pays des Orangers

DE BRUXELLES A NICE

I

'EST l'hiver. Il pleut, il vente, il neige. J'ai fait mes malles, et je suis parti. Je veux aller, sous d'autres cieux, chercher le soleil et la joie ; le ciel du Nord suinte la mélancolie. A moi la terre bénie des grands maîtres, l'Italie aimée des dieux et des hommes !... Et déjà nous voilà emporté vers le but de nos désirs.

En chemin de fer. Les trains se suivent et ne se ressemblent pas. De Bruxelles à Paris, ils sont bourrés, en cette saison, de voyageurs de commerce. J'ai quatre de ces messieurs pour compagnons de route. Tout d'abord muets; peu à peu plus communicatifs, mais toujours prudents... A un moment donné, l'un d'eux s'avoue chapelier; les trois autres bondissent sur leur banquette et s'écrient :

— Moi aussi!

En effet, le dieu Hasard a arrangé cette rencontre fortuite. L'un est marchand de chapeaux en gros, l'autre marchand de chapeaux en détail, le troisième fabricant de chapeaux, et le quatrième fabricant de machines à faire les chapeaux. Il n'en faut pas plus pour transformer, en un clin d'œil, le compartiment en cabinet d'affaires. Et je vous jure qu'on n'y perd pas son temps.

De Paris à Marseille, ce n'est plus la même chose. Quelques élégants et quelques élégantes ; une nuée d'Anglais, qui prend d'assaut les voitures ; puis les malades... Oh! les malades! Celui qui prend place à mes côtés, pour opérer ce long trajet, est un vieux podagre, affligé d'une toux grasse, bruyante, continuelle. Jugez si ces choses-là permettent aux voisins de dormir! Lui aussi pourtant voudrait bien fermer l'œil, et il y parvient sans trop de peine; mais, ô douleur! il se met à ronfler d'une effroyable façon. Et, comme dormir le fait ronfler et que ronfler le fait tousser, le concert est tout à fait réussi.

Désespéré, nous essayons divers moyens. Nous sifflons dans nos clefs : pas de résultat. Nous poussons des *hem! hem!* retentissants... Le vieux s'éveille alors en sursaut et, croyant à une catastrophe, se précipite à la portière. Après quoi, il recommence. Cela dure ainsi une partie de la nuit.

Pendant ce temps, au dehors, la pluie tombe toujours. Le ciel est noir : pas d'étoiles, et sur les vitres de la voiture perlent des gouttelettes d'eau sinistres.

Puis, tout à coup, voici le jour qui se lève; les campagnes des bords du Rhône se dorent d'une lumière pâle; quelques éclaircies dans le firmament; le soleil monte encore voilé, mais déjà apparaît sous les nuages roses; et, dans le fond, les montagnes, au pied desquelles coule le fleuve, se massent sombres et grandioses au milieu de la pénombre mystérieuse des brouillards.

A Valence, le ciel est redevenu d'une pureté exquise; le soleil enveloppe la nature de ses chaudes caresses : nous sommes sauvés! Ce n'est plus la terre humide des pays que nous venons de quitter; nous entrons dans une autre région que la pluie, l'horrible pluie, semble n'avoir plus, depuis longtemps, désolée.

A mesure que l'on s'avance, tout s'épanouit; la campagne est vivante et fleurie; les villes — Avignon, Arles, Orange, — sont gaies, propres, avenantes comme les jolies filles qu'elles abritent. On voudrait s'y arrêter, respirer cet air nouveau qui arrive par bouffées; — mais il faut aller, aller plus loin... Bientôt les âcres senteurs de la mer se mêlent aux parfums de la terre. C'est Marseille, — Marseille avec sa trinité de beautés célè-

bres : sa *bouillabaise*, sa Cannebière et son Château-
d'Eau, qui est aussi le Musée.

Le mistral souffle : tout tourbillonne, tout vole dans
les airs révolutionnés par ce vent d'enfer. Mais les gens
de l'endroit n'y prennent point garde, tant ils y sont
habitués ; les femmes elles-mêmes sont depuis longtemps résignées aux farces que leur joue l'aquilon. Tout
ce monde va, vient, babille, fait ses affaires avec une
activité fiévreuse, et, quand des étrangers leur tombent
du ciel, les Marseillais, gens de commerce, tondent
volontiers ces brebis qui viennent s'offrir à eux. Que
voulez-vous? Il règne comme cela, de par le monde, un
certain esprit fatal et terrible de lucre qui fait peu à peu
descendre les générations des sommets élevés où planaient les ancêtres ; c'est à cette décadence, hélas ! que
l'on doit de découvrir, ainsi que je l'ai fait, un Fénélon
liquoriste, et un Platon chemisier. O poésie !

Avec cela, un reste de l'ancien esprit des galants trou-
badours, dans cette race surchauffée de gaillards
hardis, entreprenants, mais fort endurants d'ailleurs.
J'étais entré au Gymnase ; un jeune galantin s'en vient
s'asseoir tout près d'une jolie spectatrice et lui conte
fleurette... Par malheur, la jolie spectatrice est ma-
riée et son époux est avec elle. Mais l'amoureux n'y
regarde pas de si près et, comme le mari a l'air bon
enfant, il continue à être aimable. La dame le laisse dire.
A la sortie du théâtre, *troun de l'air!* voilà l'époux outragé
qui sort de son accalmie, saisit le freluquet par la
cravate, le fait tourner deux fois sur lui-même et
lui décoche un coup de pied dans ce qu'il a de plus chair.
Tumulte, brouhaha. Le battu, tout penaud, répare le

désordre de sa toilette, fait un geste de colère — et
s'esquive.

J'ai prononcé tout à l'heure un nom, — sacré, ici, entre
tous les noms : celui de la *bouillabaise*. Quel est le
gourmet de France et de Navarre qui ne connaisse, au
moins par ouï-dire, ce chef-d'œuvre de cuisine que Vir-
gile, le chantre du *Moretum,* eût aimé célébrer dans
ses vers immortels ?... Les dieux ont voulu, ô prodige !
que cette fameuse *bouillabaise* eût une sœur, moins
connue et plus modeste, en Belgique, en plein pays flamand. Cette sœur a nom *waterzooi.* Pas un Bruxellois
qui ne s'épanouisse d'aise en l'entendant prononcer.

Il y a, entre Bruxelles et Vilvorde, une auberge cham-
pêtre, située au bord du canal, qui jouit, grâce à elle,
d'une réputation universelle — à trois lieues à la ronde;
on y va l'été, à pied, en voiture ou en barque, et rien que
d'assister à la préparation de ce mets délicieux, c'est tout
un spectacle de simplicité naïve et pittoresque. Les poissons, les anguilles, le menu fretin nécessaire à la chose
attendent patiemment, dans un réservoir à eux seuls
consacrés, au fond de la cour de l'établissement, le moment du sacrifice. Le sacrifice arrive : on vous empoigne
ces personnages muets et frétillants et on vous les fourre
rondement dans la casserole. Pardon ! les anguilles ont
un privilége, qu'il est bon de noter: celui de n'être point
écorchées, comme saint Barthélemy, avant d'être mises
sur le feu. On les assomme, on leur brise la tête, énergi-
quement, furieusement, en les précipitant sur le pavé de
la cour, où elles restent inertes après que l'on s'y est

repris deux ou trois fois. Après cette épreuve, elles
dorment en paix ; mais, du moins, leur peau est intacte...
Une demi-heure après, elles nagent gaiement, par morceaux, dans des flots de sauce pimentée. Elles sont
passées à l'état de *waterzooi*. Braves bêtes !

La *bouillabaise* n'est, à vrai dire, pas autre chose ; il
n'y a de différence que dans les détails. Mais les *rougets*,
les *saint-pierre*, les *rascasses*, etc., que les Marseillais
emploient dans la confection de ce mets digne des
dieux, peuvent sans désavantage faire place à de vulgaires soles, merlans, grondins, — sans oublier les
langoustes, qui sont souvent négligées dans les *waterzooi*, hélas !

Si cela pouvait intéresser les ménagères, je leur dirais
volontiers, — sur la foi d'un maître indiscuté, — que,
une fois ces poissons lavés, nettoyés et coupés... Mais
non, je m'arrête ; les compatriotes de Belzunce n'auraient
qu'à apprendre que je divulgue leurs secrets ! Et puis,
mieux vaut manger et se taire ; c'est la devise des vrais
gourmets. Je préfère souhaiter à mes lectrices d'aller
elles-mêmes déguster, dans la patrie de la *bouillabaise*, un
exemplaire de ce plat succulent. Elles graviront, par un
temps calme, les hauteurs qui dominent Marseille, le
long de la Corniche ; à mi-côte, elles trouveront le restaurant de la *Réserve* ; c'est là qu'elles aborderont et qu'elles
se feront servir l'objet de leurs vœux gastronomiques.

Moments précieux ! innocentes voluptés ! Attablé sur
cette terrasse sublime au pied de laquelle viennent mourir
les vagues de la Méditerranée, le regard perdu dans
l'immensité, ayant devant soi le ciel bleu, la mer plus
bleue encore, les rochers qui çà et là émergent du sein

des ondes, — au loin l'horizon, — plus près la grève émaillée de voiles blanches, — et plus près encore, tout près, la *bouillabaise* qui exhale ses fumets enivrants... Ne voilà-t-il pas de quoi faire oublier tous les chagrins et toutes les douleurs de la vie ?

II

Mais nous voici en route pour Nice. Le poëme de la nature brille dans toute sa splendeur. De tous côtés, une végétation superbe s'épanouit aux bords de la mer, que dorent les rayons du soleil. Adieu les brumes et les froids du Nord ! Le printemps règne en souverain, sans partage. Les orangers ploient sous le poids de leurs fruits; les oliviers, les figuiers, les dattiers sont en pleine floraison; les palmiers balancent leur panache, les aloès grimpent sur le bord des routes. Il y a, le long du chemin de fer, des haies de rosiers en fleurs et des champs de résédas et de violettes qui embaument.

La route de Fréjus à Nice, et plus loin, de Nice à Gênes, est un enchantement. La voie ferrée longe presque tout le temps la mer, et de si près que l'on semble parfois rouler sur les flots bleus. La côte est toute peuplée de surprises, avec ces eaux d'azur qui tranchent sur le ciel d'un bleu plus pâle, ces montagnes, qui s'estompent au loin, ces maisons blanches qui scintillent au soleil, ces rochers d'un brun doré que la mer bat en écumant. Les golfes, les caps, les baies se succèdent; la côte a des mouvements capricieux de serpent qui se plie et se replie; chaque fois, c'est un aspect nouveau.

J'arrive à Nice en plein carnaval. C'est une animation à tout casser, une gaieté radieuse, ensoleillée, une fièvre de divertissements, qui entraîne tout le monde dans un irrésistible tourbillon. Tout d'abord, la vente de charité, la « fancy-fair », où les honnestes dames de la colonie étrangère luttent entre elles de grâce et d'amabilité. Ce n'est pas aux pauvres qu'on fait l'aumône, c'est à elles. Les pièces d'or qu'on verse dans leurs mains blanches ne sont rien auprès du sourire avec lequel elles les reçoivent.

Le soir, pendant que la vente continue et que les bals se remplissent, une quantité de voitures et d'équipages se répand sur les quais et dans les rues principales ; tous sont garnis de lanternes vénitiennes et il en sort des symphonies héroïques de cris et de chansons. Les piétons, eux aussi, s'en donnent à cœur joie ; et, quoique ce ne soit pas encore l'heure des mascarades, on reconnaît, sous mainte enveloppe d'habits et de redingotes noires, des formes féminines et aristocratiques, dont le déguisement ne cache pas toujours l'identité. L'émancipation de la femme produit ses fruits.

Puis, éclatent tout à coup, comme une fanfare étincelante, les clameurs carnavalesques. Ce n'est pas le carnaval populaire, le carnaval de la rue, tel que partout ailleurs, en Italie, il se montre dans son débraillé excentrique ; c'est un carnaval plus paré, plus soigné, plus gentilhomme, — un carnaval des salons, en un mot, mais réchauffé de toutes les ardeurs débordantes que peut allumer le soleil du Midi. La bataille, l'immense bataille des *confetti* s'engage sur toute la ligne ; la mêlée est affreuse ; personne qui ne s'y livre, grands

et petits, nobles et vilains; la rage augmente avec
le péril. Que de prodiges de valeur il se fait là, ignorés
du monde et de l'histoire !..... Et les fleurs ! Il en pleut ;
on les jette par paniers, sans compter ; le sol en est
jonché. Ce sont les armes dont on accable de préférence
les dames, qui, à leur tour, s'en servent avec fureur
contre leurs assaillants. Adorables combats ! luttes par-
fumées, qui font parfois, sans qu'on s'en doute, des bles-
sures à plus d'un cœur !

Nice ne renferme aucune curiosité artistique remar-
quable. La nature se charge de remplacer les œuvres de
l'homme, et cela dignement. Quand on peut jouir des
félicités offertes par des séjours idéals comme Nice
et comme Monaco, on ne désire rien de plus. S'il n'était
pas aveugle, j'envierais le sort de ce bon prince de Monaco, qui vit là-bas, au sommet d'un rocher qui n'est
autre chose, pour nous, gens du Nord, qu'une vaste serre
chaude ayant le ciel pour toit. On ne saurait rien rêver
de plus délicieux que cette petite ville bâtie comme une
fraîche oasis sur ce roc enchanté, au milieu d'un jardin
merveilleux qui n'aurait certainement rien à envier au
Paradis terrestre, si celui-ci existait encore, pour notre
plus grande félicité. Tout ce qui vit là semble jouir
de tant de bien-être ! Point de pauvres; les maisons
les plus modestes sont propres et coquettes, le peuple a
un air de fête perpétuel. On dirait un de ces villages de
théâtre ou de roman bâti tout exprès pour le plaisir des
yeux.

Puis, au milieu de cette forteresse embaumée,

s'étage en souriant ce bouquet de villas que l'on nomme Monte-Carlo et au centre duquel apparaît, comme une reine sur son trône, la fameuse banque de M. Blanc. Ah! elle n'a pas que des défenseurs, je vous jure! Ecoutez les imprécations que lui lance périodiquement un pamphlet uniquement fondé pour la battre en brèche, et dont le titre seul est une déclaration de guerre : *Le Moniteur des Cercles des Etranglés. — Voyages aux pays des Rateaux, Monaco et Cie* :

« Lorque vous traversez la plus charmante partie du littoral méditerranéen, vous ne vous doutez certainement pas qu'au milieu d'Etats civilisés, vous êtes exposés à tomber au milieu d'une société organisée, auprès de laquelle tous les chevaliers de la Sierra Morena et des Calabres ne sont que d'affreux fantoches.

» Là, sous un ciel qui doit avoir la mansuétude bien grande pour ne pas l'avoir déjà écrasé, dans un Etat qui tiendrait dans un mouchoir de poche, caché derrière une végétation qui rougit de l'abriter, un nid de forbans vit au grand jour, tout comme une courtisane qui bafoue le soleil.

» Cette digne Société, campée sur son rocher, comme le vautour dans son aire, y a organisé une série de traquenards, salmigondis de toutes les inventions machiavéliques passées, présentes et même futures, afin d'y attirer et d'y retenir jusqu'à l'épuisement de leur dernière once d'or et de leur dernière goutte de sang, les voyageurs assez insensés pour avoir cédé à ses tentations. »

Hélas! serait-il vrai? Le serpent malin aurait-il, tout exprès pour le malheur des pauvres hommes, élu réellement domicile dans ce Paradis? Mais qu'importe! Avec des

2

armes contre la tentation ou des ressources suffisantes pour pouvoir s'en tirer facilement quand on y succombe, on peut tout braver. Il serait vraiment trop cruel de se priver à tout jamais du parfum des roses sous prétexte qu'elles ont des épines, de dire adieu à ces tièdes ombrages à ces montagnes ensoleillées, à cette mer assoupie qui mugit doucement sur son lit de galets... Ineffables délices! Une chaumière dans cet Eden... et cent mille livres de rente : je n'en demande pas plus pour vivre longtemps heureux et avoir beaucoup d'enfants.

JOUEUR DE BALLON ROMAGNOL

GÊNES

~~~

I

E long de la route de Nice à Gênes, je trouve les villes et les villages par où passe la voie ferrée plongés dans la plus folle des gaietés. Partout des bannières, des drapeaux, des mascarades; partout des cris, du bruit, de la foule. On se croirait voyageant au milieu d'un pays chimérique. C'est le carnaval qui continue à « agiter ses grelots », dans le soleil et dans les fleurs.

Le carnaval de Gênes n'est plus du tout celui de Nice; là tout était gentil, joli, fashionnable, dirais-je : ici, le peuple reprend ses droits, court les rues dans le débraillé qu'il affectionne, va, vient selon sa fantaisie, inonde les cafés, se soûle, s'amuse enfin.

Le soir, ou plutôt la nuit, l'effervescence est à son comble. Bal populaire dans tous les coins, en plein air, dans les théâtres, les bastringues, les caboulots les plus infects, les jardins les plus suspendus. Les « classes dirigeantes » ont aussi leur sauterie, au théâtre *Carlo-Felice*.

Après la représentation, un tour de main suffit pour convertir la salle de spectacle en salle de bal. Seulement, le plancher de la scène ne se prolonge pas tout de niveau, comme ailleurs; il y a de cette façon deux parties séparées par un escalier. Par ce fait même, la masse de danseurs se sépare, elle aussi, en deux: ceux qui dansent sur la scène ne se préoccupent pas de ceux qui dansent dans la salle; et les simples curieux, de leur côté, imitent les danseurs.

Mais la division ne s'arrête pas là. Tandis que la musique militaire fait sautiller le public aux accords de ses valses et de ses polkas, d'autres accords éclatent dans le même local, aussi sautillants, aussi harmonieux que ceux-là. Je grimpe quatre à quatre au foyer et je trouve là un troisième bal, que préside l'orchestre symphonique du théâtre.

Heureusement, les deux orchestres ne jouent qu'à tour de rôle; lorsque l'un a fini, tous les couples, ou à peu près, s'élancent tête baissée dans les torrents d'harmonie que prodigue le second; c'est une « navette » qui dure toute la nuit. Les danseurs génois tiennent, paraît-il, à en avoir pour leur argent.

Un avis de l'administration interdit l'entrée du bal aux « *maschie re indecenti et clamorosi* ». Cette consigne est observée avec un soin des plus scrupuleux; pas une seule femme décolletée, — mais pas une! Tout se passe avec tranquillité, avec silence même. Point de demi-monde. On ne soupe pas; à peine quelques verres de champagne au buffet.

Il est vrai que, dépensée si parcimonieusement, la
verve dure d'autant plus longtemps : il est *huit heures*
du matin quand tous ces bons bourgeois paisibles sortent
du théâtre!...

Alors seulement commence, à vrai dire, l'originalité
du carnaval génois. Qui n'a pas vu les rues de Gênes
le lendemain du Mardi-Gras, jusque neuf ou dix
heures, a perdu un spectacle qui vaut son pesant d'or.
C'est un véritable « Cours » qui recommence et qui dure
toute la matinée, mais un « Cours » bien plus amusant
que celui de la veille.

Le long de l'itinéraire habituel, se presse et s'entasse
une foule compacte de gens, — de gens du peuple en
majeure partie — qui s'en viennent saluer au passage
les masques déconfits et pochards qui ont passé la nuit
à fêter Momus. Ce public est spécialement composé de
femmes, qui prennent un plaisir extrême à turlupiner les
pauvres hommes, surtout lorsque ces pauvres hommes
sont leurs maris. Il se passe là des scènes inénarrables.
Les cafés d'alentour débordent comme le soir ; on y vient
se retremper un peu et se donner de nouvelles forces. Et
les lazzis de reprendre de plus belle, et les clameurs
de retentir plus fort même que la veille, mais avec une
nuance toute différente et très drôle, et les voitures de
charrier les flots des masques mollement assoupis, et
tout ce monde enfin de trouver, dans cet épilogue fatal
du Mardi-Gras expirant, un nouveau bonheur et de
nouvelles joies.

Je n'ai pas besoin de vous dire que dormir en paix, cette

nuit-là, est un problème aussi difficile à résoudre que celui de la quadrature du cercle. J'en sais, pour ma part, quelque chose.

Les Génois profitent du temps de carnaval pour se donner quelques loisirs. « Pour cause de carnaval » on ferme tout; chacun s'en va; plus personne à trouver — si ce n'est moyennant finances: les naturels du pays n'ont pas oublié leur ancienne réputation.

*

II

C'est, pour le voyageur habitué à la régularité, à la propreté, à l'aisance des villes du Nord, un véritable étonnement que de se trouver tout à coup, en arrivant à Gênes, au plein milieu de ce fouillis pittoresque, mais sale, de cet entassement des palais les plus somptueux sur les masures les plus ignobles, de cet enchevêtrement inextricable de ruelles étroites, tortueuses, puantes, qui distinguent la plupart des cités italiennes. En ce genre, il y en a peu qui soient plus caractéristiques et qui portent d'une façon aussi complète le cachet des mœurs nationales. C'est la vie et l'activité des centres commerciaux à côté même de l'indolence native et du sans-gêne méridional.

Au sein de cette saleté, se dressent, dans leur magnificence princière, ces fameux palais de marbre, derniers vestiges de l'antique gloire de Gênes. Mais la mort à passé par là. Une odeur de sépulcre se dégage de tout cela et vous prend au cœur; malgré soi, on frissonne sous ces portiques somptueux où la solitude seule règne maintenant et où, le soir, vacille la lumière d'une lanterne gravement suspendue, comme un flambeau funèbre à l'entrée d'une tombe.

Ces palais ont du moins conservé, pour l'admiration

des visiteurs, la splendeur de leur décoration et de leurs richesses artistiques, seules vivantes et resplendissantes dans ce grand vide qui s'est fait autour d'elles. Plusieurs d'entre eux ont des collections superbes de tableaux, qui sont comme le premier mot de ce poëme admirable de l'art dont chaque ville d'Italie est une strophe radieuse.

Paul Véronèse (*Judith*), Guido Reni (*Saint-Sébastien*), le Guerchin (*Cléopâtre*), le Caravage (*la Résurrection de Lazare*), Périn del Véga (*les fresques du palais Doria*), chantent les premiers vers de ce poëme conçu dans l'enchantement d'un ciel bleu, dans le parfum des roses, dans l'harmonie exquise de cette musique mystérieuse qui semble s'échapper de chaque chose avec des rythmes vagues de battements d'ailes. Et, au milieu de ces Italiens, souverains et éternellement maîtres dans leur resplendissante patrie, un Flamand, Van Dyck, étale ses élégances princières et ses grâces de bon ton; il a semé ces palais de marbre et d'or de ses portraits, qui disent la gloire du peintre et la somptuosité des modèles : c'est lui que les vieilles familles génoises ont choisi pour porter leur nom à la postérité, et elles ne pouvaient choisir personne qui fût mieux à même de le faire que ce Flamand aristocrate et doux, qui immortalisait tour à tour les fermières et les rois.

On peut juger, dans cette ville toujours riche malgré sa décadence, de ce que sont les seigneurs d'aujourd'hui comparés à ce qu'étaient les seigneurs d'autrefois. Les Doria, les Balbi habitent paisiblement les résidences princières de leurs aïeux; mais plusieurs en ont fait construire de nouvelles à la campagne, où ils se retirent pendant l'été. C'est ainsi que la famille Palavicini a élevé à Pegli une villa entourée de jardins immenses pour la construction de laquelle il a fallu les bras de 400 ouvriers travaillant pendant huit ans. La chose a été achevée en 1846. Tout le monde court la visiter. On ne peut s'imaginer un triomphe plus éclatant du mauvais goût s'acharnant à détruire, sous prétexte de l'embellir, ce que la nature simple et naïve possède de beautés.

Au milieu d'une végétation luxuriante, sous un ciel incomparable, dans un espace de terrain qui eût permis toutes les audaces, le maître de ces lieux a trouvé plus charmant de semer sa propriété d'un tas de petits temples, de petites cascades, de petits jets d'eau, de petits bassins, de petits pavillons, de petites grottes, de petits ponts devant lesquels s'extasie M. Prudhomme. Et soyez bien certains que M. Palavicini trouve qu'auprès de cette œuvre de son puissant esprit les œuvres de ses glorieux ancêtres n'étaient que faiblesse d'imagination et sotte simplicité.

DE GÊNES A ROME

I

Près Gênes, Pise produit l'effet d'un rayon de soleil, à l'aube, au sortir d'un salon de fête brillamment éclairé. C'est Bruges, plus le ciel d'Italie et l'Arno, qui roule ses flots argentés sous des ponts larges et magnifiques. Le dôme, le baptistère, la tour penchée sont les bijoux enchâssés dans cet écrin par des mains de fées.

A Sienne, on croirait descendre de nouveau, et plus profondément que jamais, dans la vie des tombeaux. Il serait difficile de rendre l'impression causée par ce dédale de ruelles ayant la propreté d'un sépulcre

soigneusement entretenu, par cette ville morte où s'agite
un peuple habitué — on ne sait comment — à une
existence renfermée qui fait aspirer après l'air et la
lumière du jour, par ce musée vivant que l'on vient
visiter pour la merveille qu'il recèle, la cathédrale,
mais que l'on craint à chaque instant de voir se
changer soudain, pour le pèlerin téméraire, en cachot
éternel, tant ses murs graves semblent pleins de me-
naces.

Une rue étroite qui tourne et serpente d'un bout à
l'autre de la ville; des gens du peuple, flânant ou
affairés; des mendiants, figure de bandits et allures
d'empereurs. Presque pas de bruit; guère de voitures :
elles manqueraient de place pour circuler. Les bourgeois
et les nobles sont retirés derrière les grilles de leurs
sombres châteaux, muets comme des prisons et froids
comme la mort. Une cloche tinte... C'est un enterrement;
tous les passants de la rue courent voir défiler cette
longue file de pénitents qui, un flambeau à la main,
récitent les prières funèbres dans le silence et dans la
nuit. De temps en temps, un volet s'ouvre discrètement,
là-haut, à une fenêtre élevée d'un de ces noirs palais
seigneuriaux, et un pâle visage de femme apparaît...
Elle regarde... Que regarde-t-elle ? Qui sait?... Elle
reste là, longtemps, les regards plongés dans le vide, car
elle n'a ni horizon pour les fixer, ni d'autres yeux
humains pour y chercher une réponse à ses pensées.
Puis, le volet se referme. L'ombre est descendue peu-
à-peu le long des murs; des lumières vacillent là-bas,
annonçant que la nuit est venue et que c'est bientôt
l'heure du repos. Tout se tait, tout s'endort. On sort

ZAMPOGNARO

de cette ville étrange, — heureux d'avoir observé
une société de larves dans un séjour abandonné des
hommes, plus heureux encore d'en être échappé sain
et sauf.

II.

Le chemin de fer nous emporte. Tout autour de soi, le paysage change d'aspect, à mesure qu'on se rapproche de Rome. La végétation s'appauvrit; bientôt elle disparaît complétement pour ne plus laisser place qu'à une campagne désolée, montagneuse, sauvage, avec un sol crevassé comme les flancs d'un volcan, couvert de rocs arides, au milieu desquels courent des torrents indomptés et dorment des eaux stagnantes, germes fatals de la *malaria*.

Ainsi grossit peu à peu la Paglia avant qu'elle ne se jette dans le Tibre; sur ses bords, au sommet de monts escarpés, on voit des villages noirs s'accrocher comme des lézards aux pierres des tours en ruines. Plus loin, la nature redevient plus calme, quitte ses airs irrités, mais ne reprend ni ses sourires ni ses mines gracieuses; elle reste sèche et stérile; la plaine s'étend à perte de vue, sillonnée parfois de collines monotones sur lesquelles paissent des troupeaux de buffles, de chèvres ou de brebis.

C'est la campagne de Rome.

Nous voici arrivés. La ville antique se décèle, à chaque pas, par ses restes majestueux, qui se dressent parmi la ville moderne. Le caractère vraiment italien. si frappant à Gênes, à Sienne et ailleurs, disparaît

presque sous la couche de vernis international qui le
couvre et qui tend chaque jour à le faire disparaître. La
Rome du Latium s'évanouit ; la Rome des papes elle-
même n'est plus qu'une ombre ; et, n'était la troupe de
religieux noirs, blancs, rouges et violets qu'on rencontre
de temps à autre au détour des rues, on se croirait
parfois dans quelque bonne cité des Flandres ou du
Hainaut.

Par bonheur — et c'est là ce qui doit nous occuper
spécialement, — Rome va nous offrir ce que nulle autre
cité ne peut nous donner, — l'intimité de ces grands
génies de l'art antique et de la Renaissance, dont les
œuvres rayonnent en souriant sur ce sol bienheureux,
comme des fleurs délicates et rares qui répandent leurs
parfums autour d'elles.

ROME

~~~~~

I.

Les circonstances aidant, Rome est devenue
aujourd'hui la dépositaire de tout ce que l'art
païen et l'art chrétien à la fois ont créé de plus
beau. L'élément chrétien a tenté un accommo-
dement bizarre avec son adversaire : il s'en est
servi à son propre profit, à sa propre gloire
même, de façon à faire briller sa puissance
conquérante, et à s'épargner tout ensemble des frais inu-
tiles. Le Dieu des Juifs a établi son trône sur l'autel de
Jupiter ; il a transformé ses temples, effacé soigneusement toute trace impie, — puis il a dit : — « Ceci est
mon œuvre. »

Il n'a pu faire cependant que l'on ne discernât bien vite
les deux ouvrages ; on en est venu même à rechercher

plus scrupuleusement ce qui était antique et à négliger
souvent ce qui était chrétien ; les deux arts, loin de se
confondre, ont été distingués, séparés, passés au crible,
— si bien que, finalement, par la force des choses, on
voit, dans la capitale de la chrétienté, l'antiquité peu à
peu se relever de ses cendres et, jusque dans ses ruines,
prouver sa grandeur impérissable.

Telle est l'impression qui se dégage, — au point de vue
artistique, bien entendu, — de la vue de cette ville sans
rivale. Si l'on en excepte la peinture, dont les anciens ne
nous ont laissé que des modèles incomplets, l'art des
grands siècles de Rome avait, dans sa pureté et son originalité, une force qui en fait encore notre maître aujour-
d'hui. L'art gothique seul, qui ne l'a pas imité, est parvenu
à créer des œuvres grandioses. Et ceci frappe à Rome
plus que partout ailleurs, — témoin l'église de Saint-
Pierre. Je défie n'importe qui de se trouver ému de
quelque façon que ce soit en présence de cet édifice immense, colossal, qui pourrait être tout aussi bien un
théâtre, un palais, un musée, qu'une basilique chrétienne.

La moindre cathédrale du Nord produit une émotion
religieuse bien plus profonde et bien plus réelle. La vue
de Saint-Pierre laisse froid tout d'abord ; la grandeur de
l'édifice n'apparait même pas, attendu qu'il n'y a point, à
côté, d' « échelle » qui en fasse juger les dimensions
extraordinaires, perdues dans la colonnade d'alentour,
aussi immense de proportions que la basilique. Tout
étant grand, il n'y parait plus. Il faudrait surtout
quelques démolitions pour dégager l'aspect général de
la place. L'ensemble de Saint-Pierre avec sa coupole ne
peut produire son effet que de loin, — mais alors des

EMINENTE

(Romaine du peuple élégante)

pâtés de maisons se dressent devant le regard et empêchent d'embrasser d'un coup d'œil l'édifice et la colonnade qui en est le complément. Un Hausmann intelligent serait peut-être nécessaire à Rome.

Mais, à part ces quelques taches, quel éternel sujet d'admiration ! Le marbre est souverain dans ce palais splendide, qui est bien moins le centre de la catholicité que le rendez-vous du monde artiste et curieux. C'est d'une richesse princière qui étonne plutôt qu'elle n'éblouit. Le sentiment religieux n'a pas plus à faire à l'intérieur qu'à l'extérieur; on dirait d'une place publique où chacun flâne et se promène ; on n'y prie guère ; les visiteurs sont des touristes, non des fidèles.

Quelques endroits sont cependant l'objet de la vénération des fidèles, — mais ils sont peu nombreux. A Saint-Augustin, il y a une Madone aux pieds de laquelle le peuple de la campagne vient déposer ses vœux et ses offrandes. On y voit une foule des plus pittoresques. La statue de la Vierge est entourée de tableaux, grossièrement dessinés, représentant les guérisons miraculeuses qu'elle a opérées. Un marchand d'ex-voto et de fleurs se trouve là en permanence, prêt à servir sa clientèle; il fait de très bonnes affaires. Comme il est aussi d'usage de correspondre quelquefois avec cette Madone, on a placé, à côté de l'autel, à la disposition du public, un grand pupitre noir avec « tout ce qu'il faut pour écrire » : on peut faire sa correspondance sans devoir trop se déranger. L'affranchissement n'est pas obligatoire.

Le célèbre escalier de St-Jean-de-Latran — le même, paraît-il, que le Christ monta en allant au supplice, — est moins visité. Les marches de marbre en sont telle-

ment usées qu'il a fallu le couvrir d'un second escalier
— en bois — dont il faut faire l'ascension à genoux ; c'est
déjà le deuxième ou le troisième qu'on a placé. Mais
un scrupule me vient. Est-ce qu'on ne trompe pas un
peu les croyants en les forçant de grimper sur un vulgaire
escalier de bois, alors que c'est seulement à l'escalier
de marbre que sont attachées des grâces spéciales?

Il n'y a pas, comme chez nous, de chaises dans les
églises ; du moins il y en a fort peu. Celles qui s'y trouvent sont de petit format, et l'on s'en sert d'une façon
qui n'est certes pas la plus commode et la plus naturelle...
Personne n'oserait s'y agenouiller, encore moins s'y
asseoir : on les place devant soi et l'on s'agenouille devant, sur les pierres. Dès lors, pourquoi ne s'en passerait-
t-on pas tout à fait ? Chacun pourtant fait ainsi, hommes
et femmes. A la longue, cela doit produire de jolis rhu-
matismes.

Le dimanche, qui est le jour de promenade au Pincio,
est également — comme partout ailleurs, — le jour de
sermon. Inutile de dire que les prédicateurs parlent politique tant et plus et que Victor-Emmanuel est voué chaque fois aux flammes de l'enfer.

La manière dont on prêche est fort originale. La chaire
de vérité, au lieu d'être ronde et petite, est au contraire
très large et très spacieuse ; de sorte que l'orateur, pour
donner à ses paroles plus d'éclat et plus de chaleur, se
démène de droite et de gauche, court par ici, court par
là, prend son élan, se précipite, revient sur ses pas, se
tourne et se retourne... Une vraie scène de Guignol.

Le luxe mondain est le caractère qui distingue généralement les églises de Rome. Du marbre à profusion, rien que du marbre, partout et toujours ; le marbre ne coûte : rien les plus pauvres en sont couvertes, comme les plus riches. Tout l'apparat est concentré à l'intérieur ; les façades, sauf deux ou trois, sont nulles, — et, chose curieuse, les plus laides cachent les trésors les plus précieux. Que de colonnes, de sculptures, de bas-reliefs arrachés aux temples païens ! Puis, le mauvais goût du style « jésuite » greffé çà et là, en maint endroit, sur les ruines anciennes, transformées en sanctuaires de la foi. Le cœur se serre en présence de tant d'inintelligence et de vandalisme.

Que de chefs-d'œuvre dégradés pièce par pièce, enlevés, abîmés par ceux-là qui se plaignent aujourd'hui d'être spoliés de ce qu'ils ont pris eux-mêmes si effrontément ! On en vient à ne plus pouvoir compter ces mutilations, tant elles sont nombreuses et plus déplorables les unes que les autres. Le bon goût et la sollicitude artistique de ces gardiens peu scrupuleux sont vraiment étonnants. On remplace, par exemple, sur la colonne Trajane la statue de l'empereur par celle de saint Pierre ; on en élève de nouvelles à la Madone avec les dépouilles des arcs-de-triomphe. Des palais entiers sont faits avec les débris du Colisée. Presque chacune des trois cent soixante-cinq églises qui sont dans Rome doit à ces monuments ses marbres les plus beaux, ses ornements les plus rares.

D'une salle de bains de Dioclétien on fait une église ; du Panthéon on fait une église ; du temple de Vesta on fait une église. Partout et toujours des églises, pour les besoins desquelles il faut tailler, arranger, superposer

les styles les plus baroques sur les styles les plus purs,
.— que sais-je? Mais ces choses-là ne sont plus un secret
pour personne. Seule, la statuaire a été épargnée, parce
qu'on n'en pouvait faire, au temps glorieux des Barberini, des moellons à construire des palais.

Dans ces derniers temps, les Souverains-Pontifes se
sont pris d'un beau zèle pour les fouilles et les restaurations des antiquités romaines. Jadis, personne ne fut
plus acharné que les premiers chrétiens à anéantir sans
pitié les chefs-d'œuvre de l'art païen; ils détruisirent
plus de statues et de temples que n'en détruisirent les
barbares : l'histoire est là pour le prouver. Aujourd'hui,
voilà les descendants de ces iconoclastes d'un autre âge
qui se mettent à réédifier ce que leurs pères avaient ense-
veli !
La chose est louable, évidemment, mais elle n'en est
pas moins bizarre.
Pourtant, il y avait un moyen de tout concilier, — et
l'on s'est empressé d'y recourir. Depuis la première
jusqu'à la dernière, toutes les restaurations portent, en
caractères majestueux, sur toutes leurs faces et de toutes
les manières, le nom et la gloire du pontife sacré qui
régnait au moment où elles furent entreprises. Pas un
petit pan de vieille muraille n'est mis à jour sans qu'aussitôt on n'y appose une large dalle de marbre avec
les titres et qualités du saint Père, et différentes for-
mules saintes pour conjurer l'esprit malin des anciens
temps.
Vous admirez un monument, vous en cherchez les

inscriptions historiques et vous trouvez — quoi? toujours la même chose, toujours les mêmes prétendues
explications lapidaires remplaçant les véritables et
constatant que le monument a été soigneusement *ab
impietate expurgatum*. C'est à cette seule condition qu'il
doit d'être resté debout.

Il faut que les Papes aient une bien maigre confiance
dans leurs propres œuvres pour qu'ils confient avec tant
d'insistance aux ruines d'une religion déchue le soin de
faire passer leur nom à la postérité!

II

Seule d'entre toutes les villes d'Italie, Rome possède
côte à côte, dans leur majestueuse grandeur, ces deux
génies superbes de l'art, Raphaël et Michel-Ange.
Quelques marches de pierre seulement séparent la chapelle Sixtine des « Chambres » de Raphaël. Quelle plus
belle occasion de faire ce travail de comparaison qui,
tant de fois, a fait hésiter l'esprit et accorder aux deux
rivaux à la fois le sceptre de l'empire! Et, de fait, jamais
champions ne combattirent chacun avec des armes plus
excellentes et plus divines. Tandis que Michel-Ange
jette sur le plafond de la chapelle des Papes cette fulgu-
rante composition qui représente le monde attendant la
venue du Messie et qu'il couronne son œuvre par le
Jugement dernier, Raphaël, lui, peint la *Messe de Bol-
sène*, qui restera peut-être le plus pur chef-d'œuvre de
la peinture moderne, tant elle réunit en elle tout ce que
l'art renferme de plus parfait, — coloris, conception,
caractère, profondeur de pensée et d'expression. On voit
ensuite la *Transfiguration*, qui semble le reflet d'un
monde supérieur; puis on court à cet autre chef-
d'œuvre de grâce antique et de naïveté, la *Farnésine*, —
et l'on est tenté aussitôt de décerner la palme à celui qui
a su faire vibrer, tout ensemble, avec tant de bonheur,

la corde épique, la corde des amours profanes et celle des amours religieuses.

Cependant, on se prend à examiner de plus près. Des deux parts, chez Raphaël et chez Michel-Ange, on reconnaît cette même science du dessin, cette forme splendide et vigoureuse, que personne n'a possédé après eux. Néanmoins, quelle différence dans leurs effets! Raphaël s'avise parfois d'être lourd, croyant être puissant, — témoins certains personnages de l'*Incendie de Dubourg*. Une préoccupation constante de l'effet architectural, auquel toutes ses figures doivent concourir, lui fait forcer ses moyens et sortir de la réalité vivante des choses pour tomber dans une sorte de convention froide et théâtrale. Voyez comme ses personnages ont de beaux mouvements, des poses bien arrangées! Voyez comme ils s'occupent avant tout d'exprimer leurs sentiments, quelque violents qu'ils soient, d'une façon cadencée, propre et emphatique! Comme ces bras qui supplient, comme ces visages terrifiés, comme ces gens enfin qui tombent, courent ou se précipitent, font tout cela moins sous l'impression de la réalité qu'avec la pensée qu'ils jouent un rôle tragique et qu'ils seront applaudis s'ils le jouent convenablement! La *Transfiguration* procède des mêmes données, — non pas ce groupe sublime du Christ et des deux apôtres planant dans l'éther d'une vie supra-terrestre, mais le groupe du premier plan, aussi théâtral, malgré ses qualités superbes, que les acteurs des fresques ci-dessus.

Certes, c'était la volonté du peintre de créer tels ses sujets; les fresques des « Chambres » du Vatican et celles du palais Farnèse rentrent dans un système de décoration qui exige certains procédés spéciaux de composition. Mais Michel-Ange, lui aussi, avait — bien plus encore que Raphaël — à tenir compte de ce caractère particulier de son œuvre; c'est aussi de la décoration, de l'architecture qu'il a fait, — mais avec quelle autre puissance, avec quelle autre sûreté de main et d'imagination, toujours simple et large, sans que la note soit jamais forcée et jette une note trop peu humaine dans le concert ! Tout se fond dans une parfaite harmonie; tout concourt logiquement à former la grandeur et l'unité de l'œuvre. Ses figures « posent » également, mais s'en aperçoit-on? Dans le *Jugement dernier*, par exemple, la pensée apparaît tout de suite, lumineuse, à l'esprit, avant la forme : c'est le contraire qui se produit, quand on se trouve devant les « Chambres » et la Farnésine.

Le Vatican renferme un autre chef-d'œuvre qui n'est certes pas à dédaigner à côté des splendeurs de ces deux maîtres immortels. Je veux parler de la *Mise au tombeau* de Michel-Ange Caravage. Ici, l'admiration que l'on ressent procède d'un sentiment tout à fait opposé à ceux que l'on avait éprouvés jusqu'ici. C'est la vie, palpitante et brutale, qui frappe les yeux et pénètre jusqu'au plus profond du cœur. Il n'est plus question des nuages où plane Raphaël; le Caravage les dédaigne; il reste sur la terre dont il sait les souffrances; il peint les hommes et les choses comme il les voit, sans « pose » ni maniérisme. Il est réaliste, dans le sens que nous attachons nous-mêmes aujourd'hui à ce mot, souvent avec un manque de goût évident, mais toujours avec une sincérité et une puissance d'effet incontestables.

Peu importe que la femme qu'il peint soit une « Vierge » et l'enfant un « Jésus », pourvu qu'ils soient « humains ». Il y a, dans la galerie du palais Corsini, une Sainte Famille de ce genre, qui certes a été copiée telle quelle dans l'atelier, au coin d'une rue peut-être. La vierge est une brave femme du peuple, rien de plus; elle endort son enfant, vêtu d'une robe de grosse laine, comme tous les enfants de sa condition. Les plus réalistes d'aujourd'hui ne feraient pas autrement. Le nom pompeux, et de commande peut-être, qu'on lui a donné, ne fait rien à l'affaire; ce n'est qu'une étiquette.

Ce respect de la nature a conduit parfois les artistes bien loin; il a fallu une assez longue éducation pour leur faire apprécier la juste mesure et s'y conformer. Rien de plus drôle que ces exagérations maladroites d'une chose juste et excellente en soi : c'est ainsi que, de la meilleure foi du monde, un prédécesseur, Crivelli, a cru bien faire en donnant aux saintes matrones qui entourent le Christ mort, dans son tableau qui est au Vatican, une expression de douleur si comique, des mines pleurnicheuses si dolentes, que l'on ne peut s'empêcher de rire de bon cœur à la vue de tant de sanglots si naïvement détaillés. Cranach n'est pas moins amusant dans une toile de la galerie Borghèse. Voulant représenter une Vénus, il a fait le portrait d'une dame de sa connaissance, dans un état de pure nature et habillée seulement de sa seule beauté; seulement, comme la dame était probablement coquette, elle a désiré conserver quelques-uns de ses atours, ce à quoi Cranach a consenti en lui couvrant la tête d'un grand chapeau à plumes, à la mode du temps. On ne s'imagine pas l'effet de ce chapeau couronnant cette nudité.

III

Il y a ici, à Rome, un tas de grands seigneurs qui ont voulu avoir, eux aussi, leur collection d'œuvres d'art; faute de pouvoir se fabriquer eux-mêmes quelque lambeau de gloire, ils ont pris le parti de se draper dans celle des grands maîtres anciens et modernes. Chacun d'eux a sa petite galerie particulière, que l'on vient visiter comme des compléments intéressants de celles du Vatican et du Capitole.

Ces galeries exigent une prudence et un discernement extrêmes. Leurs propriétaires s'étant généralement beaucoup plus soucié du nombre que de la qualité, il faut savoir trouver le bon grain parmi l'ivraie et découvrir les perles dans ce fumier compact, sous peine de n'admirer de bonne foi que des médiocrités, ce que ne manque jamais de faire la masse du public. Toutes ne ressemblent pas à la collection du palais Borghèse, la plus riche de Rome, celle où se sont réfugiées plusieurs des plus excellentes pages de la peinture italienne, exclues, par leur caractère profane, des saintes et pudibondes salles du Vatican, telles que la *Danaë* du Corrège et l'*Amour sacré et l'amour profane* du Titien. Les autres galeries sont, en général, composées avec un manque de goût déplorable, et l'on en pourrait faire bon marché si elles ne renfermaient, par ci par là, un chef-d'œuvre qui en fait la fortune : — la *Beatrice Cenci* du Guide, au palais Barberini; un Memling et le portrait d'Innocent X par Vélasquez, au palais Doria; deux admirables Carlo Dolce, au palais Corsini; quelques autres encore.

C'est d'ailleurs une triste chose de voir combien, dans cette ville superbe, — jadis maitresse du monde, devenue aujourd'hui un vaste musée, — tout est déchu, tombé, anéanti. Il semble que le souvenir seul de la gloire ancienne devrait suffire à lui donner des forces viriles pour accomplir de grandes et belles choses : point du tout. Rome vit de ce passé, non comme en vivrait un artiste, en tâchant de s'infuser dans le sang cette sève ardente, mais comme en vit un antiquaire, un impressario, voire même un gardien stupide et ignare, pour l'exploiter à son profit et s'en faire des rentes.

Les musées sont remplis de brosseurs de toiles, qui copient, copient et recopient sans cesse les tableaux — Dieu sait comment ! — et vendent à l'encan leurs élucubrations. C'est un attentat perpétuel à la pudeur des arts.

La conséquence de tout cela, on la connaît. L'Italie n'a plus ni école, ni artistes; la peinture y est nulle, et la sculpture, à part un ou deux artistes de mérite, ne produit rien qui vaille.

Les étrangers, qui viennent là pour travailler, la plupart sous prétexte de « prix de Rome », sont, dirait-on, les derniers représentants de l'art qui se meurt dans ce pays de l'art. Et encore, cette grave question des « prix de Rome » n'est-elle pas très clairement élucidée. Rome est-elle profitable et utile aux jeunes artistes ? Cela peut sembler banal, tant il est convenu, dans les sphères gouvernementales, qu'un séjour de trois ou quatre ans dans la ville des papes est le couronnement obligé des études académiques. Pourtant, il faut distinguer et faire des réserves.

Sous le rapport de la vie matérielle, de la tranquillité d'esprit et de corps, des ressources qu'on y trouve, Rome est un paradis. C'est pourquoi elle est surtout précieuse aux sculpteurs, qui ont besoin, pour mener leur travail à bonne fin, non pas du contact de la vie extérieure et de l'existence habituelle de chaque jour, mais d'une atmosphère de calme et de sérénité parfaite. Les modèles sont nombreux et excellents ; une heure passée dans une de ces *osterie* populaires, toutes remplies de groupes pittoresques et curieux, leur fournit mille sujets dont ils peuvent tirer profit. Puis, il y a la matière première, le marbre, et surtout les praticiens-sculpteurs, qui sont de véritables artistes.

Les peintres, au contraire, s'ils retirent quelques avantages d'un séjour pareil — j'entends d'un séjour prolongé, — n'y trouvent point cependant ce qui est indispensable à leur art, c'est-à-dire le milieu vivant, familier, actif auquel ils sont habitués, qui les comprend et qu'ils comprennent, ce ciel de la patrie enfin dont leurs œuvres doivent être imprégnées et que ne peut remplacer le ciel de l'Italie, dont leur origine étrangère leur dérobe les secrets.

Voyez la plupart d'entre eux : les principes étroits de la peinture académique qu'on leur a inculqués à l'école les suit là-bas, les étouffe, leur ôte toute liberté d'action. Bien plus, le voisinage des œuvres classiques excite chez eux l'imitation ; ils s'y complaisent et, naturellement, s'égarent dans cette lutte vaine. M'est avis qu'il ne leur faudrait user de Rome qu'avec modération et qu'ils ne devraient en prendre que ce qui leur est nécessaire pour comprendre les grands maîtres, s'inspirer de leur science merveilleuse, élever leur âme dans la contemplation des chefs-d'œuvre, mais s'y soustraire assez vite pour ne pas subir une influence qui finirait par détruire chez eux toute individualité.

C'est là, je pense, une vérité que plus d'un exemple est venu confirmer sous nos yeux. Les « prix de Rome », après l'absence réglementaire de trois ans, reviennent chez nous à peu près comme ils étaient partis ; ils sont naturellement plus habiles au métier, leur main s'est assouplie et exercée, mais c'est à peu près tout ce qu'ils ont récolté de cette moisson faite trop lentement et qui a laissé pourrir sur place une partie du grain, avant même qu'elle ne fût achevée. Ils doivent recommencer alors leur véritable éducation de peintre, se débarrasser des lisières qui les torturent et secouer leurs ailes. La besogne est rude, et peu en viennent à bout.

Que nos peintres aillent à Rome, mais qu'ils y aillent lorsque leur talent, déjà en pleine maturité, est assez sûr de lui-même pour ne pas se perdre dans ce dédale éblouissant. On y envoie trop tôt les jeunes artistes ; à peine savent-ils l'*alpha* de leur métier qu'on veut tout de suite leur en faire apprendre l'*oméga*. On les perd à ce jeu.

IV

Rome est vraiment la grande ville cosmopolite où viennent affluer tous les gens, toutes les âmes — et toutes les bourses. Aussi, l'originalité des mœurs devient-elle de jour en jour plus chimérique. Il n'y a plus guère de différence entre la rue de Rivoli et le *Corso*, entre le *Pincio* et les Champs-Elysées. Il faut aller dans les coins retirés de la cité, parmi les classes du peuple, vierges encore des contacts du dehors, pour retrouver les traces de l'esprit et des habitudes d'autrefois. Pour le saisissant et l'horrible, c'est le *Ghetto* de la *via dell' Azimelli*, le sombre et pittoresque quartier des juifs, qu'il faut visiter, avec ses troupeaux humains en guenilles, parqués dans des masures étranges, au fond de culs-de-sac ténébreux où jamais, dirait-on, âme civilisée n'a pénétré encore. Les soirs d'hiver, quand le silence s'est fait et que la lune sourit entre les nuages, l'aspect de ce quartier, qui n'a son pareil nulle part, a quelque chose de fantastique. Tous ces refuges sordides se sont fermés; aucun bruit ne trahit la présence d'êtres vivants; de temps en temps, un chat vagabond se glisse dans l'ombre, rase les murs et disparaît dans quelque profondeur. Cependant, on veille là-dedans; à la lueur d'une lampe fumeuse dont les pâles rayons brillent à travers les fentes des portes closes, la famille est assemblée, et, patriarchalement, agite des cartes souillées par un usage ancien, cause, rit, s'amuse avant de s'endormir sur les grabats entassés pêle-mêle dans les coins. Une certaine prudence est nécessaire dans ces surprises de la vie familiale des juifs ; car on pourrait payer cher l'indiscrétion, et ces gens-là, ayant à se défendre et à se garer à peu près tout le long de l'année, n'entendent pas toujours raison.

Le vrai peuple de Rome, lui, passe une partie de ses nuits dans les *osterie*. Il y en a, de ces *osterie*, qui sont installées dans les ruines des palais des Césars et des forums antiques ; le plafond, les murailles, les portes sont ce que les siècles les ont faits ; on n'y a pas bougé ; le « patron » du lieu y a installé sans façon sa boutique. Pour ameublement, quelques tables et quelques bancs boiteux ; une sorte de « comptoir » improvisé ; à côté, trois ou quatre tonneaux de *vino romanesco* dont on remplit, séance tenante, les flacons. Une petite lampe à l'huile suspendue par un fil de fer à la voûte énorme répand sur tout cela une lumière vacillante.

Point de tapage parmi le public ordinaire de ces « cabarets » populaires, — sauf les jours néfastes où la rixe éclate, où l'on se prend corps à corps, où le couteau frappe au cœur et fait ruisseler le sang sur la pierre. En temps de paix, le calme le plus parfait règne. Tandis que les buveurs sont attablés, un racleur de guitare ou de mandoline entame un air de danse rhythmé sur un ton douloureux... Aussitôt, les buveurs se lèvent, abandonnent un instant leur *fiaschetta* de Murano et, deux à deux, dansent une danse du pays lentement cadencée, les hommes entre eux, — car il ne vient pas toujours des femmes dans ces *osterie*, et l'on sait s'en passer. La

danse est grave, sérieuse; quand elle est terminée, un
des danseurs fait la quête pour le musicien, qui trinque
avec la compagnie en attendant que le bal recommence.

Ainsi, dans ses plaisirs, le Romain est sage et modéré;
il est généralement honnête et semble porter dans son
cœur un reste de l'ancienne majesté du peuple qui régna
jadis sur le monde. On rencontre même chez les femmes
des fiertés hautaines qui surprennent. Une de ces gen-
tilles et ignorantes *cocciare*, qui font métier de servir de
modèles aux artistes, se disputait avec une consœur
plus grande et plus âgée qu'elle. Celle-ci, dans la chaleur de l'altercation, lança à sa rivale je ne sais quelle
méprisante injure... La petite *cioccara* se redressa avec
un air suprême de dignité et de dédain :

— « Souvenez-vous, dit-elle, que je suis d'une famille
de prêtres, moi! »

V

Ce prestige que possède tout ce qui appartient de près
ou de loin au clergé a sensiblement diminué en ces
dernières années; bien des respects, bien des supersti-
tions, bien des pratiques autrefois respectées paraissent
aujourd'hui ridicules. On s'aperçoit sans peine qu'une
lumière nouvelle s'est faite dans ce grand chaos de la
Ville éternelle des Papes.

Pourtant, ce serait une erreur de croire qu'il n'est plus
rien resté des anciennes traditions; et il en coûte quelquefois aux étrangers qui arrivent là avec leur ignorance
des choses pieuses, quand par hasard ils sont mis en
contact avec les familiers et les apôtres de l'Eglise catholique. Car, bon gré mal gré, ces hasards se rencontrent
et il faut y être préparé.

On ne va pas à Rome sans voir le pape; contem-
pler le successeur de Saint-Pierre est une des grandes
attractions de la capitale du monde catholique. A quelque opinion et à quelque religion qu'on appartienne, on
tient à lui rendre visite, à parcourir ses splendides appar-
tements, à recevoir sa bénédiction, voire même à faire
bénir quelques chapelets que l'on distribuera ensuite aux
deux ou trois cousines bigotes que tout homme bien

élevé ne manque jamais de posséder quelque part, dans un coin de la ville ou de la campagne (*).

Les audiences s'obtiennent facilement; cela ne coûte pas cher. Il suffit de se rendre chez l'ambassadeur accrédité près du Siége apostolique, et d'y solliciter la recommandation nécessaire pour l'obtention d'un laisser-passer.

Ordinairement, les étrangers sont reçus par l'un ou l'autre diplomate en herbe, attaché à la légation de leur pays. Il n'y a que les Belges qui jouissent, sur ce point,

(*) Pour l'édification de certains catholiques, à qui l'on fait croire que le pape est captif et persécuté, voici comment, d'après l'annuaire officiel du Vatican, est composée la maison de Léon XIII :

20 majordomes, maîtres de chambre, etc., environ 190 prélats domestiques; 170 camériers secrets, surnuméraires ; 6 camériers de cape et d'épée; 30 officiers constituant l'état-major de la garde noble, et 60 simples gardes ; 130 camériers de cape et d'épée, surnuméraires ; 200 camériers d'honneur en vêtement violet; 70 camériers d'honneur extra-urbains ; 70 camériers d'honneur de cape et d'épée; 14 officiers de la garde suisse et de la garde palatine ; 7 chapelains secrets ; 50 chapelains secrets d'honneur ; 7 chapelains d'honneur extra-urbains ; 20 clercs secrets et chapelains ordinaires; 10 intendants, écuyers ; 50 huissiers. En tout, 1160 personnes auxquelles il convient d'ajouter le Sacré-Collége et les « Monsignori » de curie, évalués à 140.

Quant à la « prison » du Vatican, beaucoup plus grande que la République de Saint-Marin, la République d'Andorre et la principauté de Monaco, elle contient : 2 chapelles (Sistina et Paolina); 15 grands salons ; 20 cours spacieuses ; 218 corridors ; 8 escaliers monumentaux ; 228 plus petits et 11,500 chambres.

Sans parler des magnifiques jardins, des bibliothèques, des musées, etc., etc.

de faveurs spéciales et qui soient reçus par l'ambassadeur, M. le baron d'Anethan lui-même, en personne (*).

M. le baron habite un joli hôtel dans une des trois rues principales de Rome, *via di Ripetta*. Vous sonnez, on ouvre ; un domestique cravaté de blanc vous introduit dans le cabinet de M. le baron ; quelques instants après, M. le baron arrive ; il est charmant, très affable ; il vous délivre sans difficulté la recommandation demandée, plus encore un tas de billets d'admission aux musées du Vatican. Puis, M. le baron vous offre ses services : vous remerciez ; M. le baron vous reconduit jusqu'à la porte de son cabinet, et ne se retire que lorsque le domestique cravaté de blanc, qui vous a introduit, survient pour vous saluer à son tour, avec dignité, et recevoir le pourboire traditionnel sans lequel vous seriez considéré par lui comme le dernier et le plus méprisable des hommes.

M. d'Anethan jouit d'une très grande considération à la cour pontificale. Ne représente-t-il pas la Belgique, et la Belgique ne compte-t-elle pas parmi les plus fermes soutiens — pécuniaires — de la maison de Léon XIII ? Point de fête, de réunion, de réception d'aucune sorte dont M. le baron ne prenne sa part. Aussi faut-il voir avec quelle respectueuse reconnaissance ses concitoyens sont accueillis là-bas ; on a pour eux toutes sortes de ménagements et de condescendances... Car, qui sait ? Peut-

(*) Ceci était écrit avant la rupture diplomatique de la Belgique avec le Vatican. Depuis, M. le baron d'Anethan a été rendu aux douceurs de la vie privée.

être, se dit-on, apportent-ils avec eux quelque argent...
Souvent, hélas ! il y a des désillusions.

Un de nos savants les plus distingués m'a, avant mon
départ, donné une « lettre d'introduction » pour un confrère italien, fameux dans l'histoire des antiquités chré-
tiennes, — le commandeur Giovanni Battista de Rossi.
Celui-ci, dès notre première entrevue, m'a promis de me
mener au premier jour voir avec lui, en détail, les nouvelles découvertes qu'il vient de faire dans les catacombes.
Il s'agit d'une basilique entière, exhumée de dessous
terre. L'aubaine était bonne; j'ai attendu ma convocation.

La convocation est arrivée bientôt, ainsi conçue : —
« Samedi, à trois heures précises, il y aura rendez-vous
de quelques personnes choisies à *Domine-quo-vadis*, hors
la porte de Saint-Sébastien, pour visiter les catacombes.
N'y manquez pas. — N. B. Prière de n'en parler à personne. »

Le mystère qui semble entourer ce rendez-vous a
piqué ma curiosité. « Quelques personnes choisies, » qui
cela peut-il être ?

A l'heure dite, à l'endroit fixé, j'arrive accompagné
d'un ami pour qui la consigne du commandeur Rossi
n'existe pas. Nous sommes en pleins champs, à deux
lieues de Rome, aux bords de l'antique voie Appienne.

Nous attendons. Notre hôte vient à nous et nous prie
de le suivre; les autres invités sont arrivés par un autre
chemin et stationnent à quelque distance. On nous a
annoncés. De loin, nous apercevons un groupe de person-

nages qui s'apprêtent à nous souhaiter la bienvenue. Ce sont les « personnes choisies ».

Au bout de deux minutes, nous avons rejoint le groupe, et nous nous trouvons en présence de l'archevêque de Reims, de l'évêque de Soissons, du père Secchi, l'astronome, et de plusieurs autres prélats indubitablement très vénérables et très vénérés.

Plus loin, derrière toutes ces éminences, arrive M. le baron d'Anethan.

Quand nous approchons, tous deux, profanes vulgaires, confus d'avoir devant nous si noble compagnie, nous voyons les visages sacrés de ces illustres ministres de l'Eglise catholique, apostolique et romaine, s'illuminer d'un sourire exquis de bienveillance.

L'archevêque de Reims s'avance, tendant vers nous sa main potelée, où brille l'anneau sacré, enrichi d'un superbe saphir.

— « Ah ! dit-il, voilà des enfants de la Belgique !... »

Moi, qui marche le premier, j'aperçois ce sourire, cette main potelée, j'entends ces mots si flatteurs pour ma nationalité, je vois, en un mot, toute cette grandeur épiscopale descendre jusqu'à ma misérable indignité... Mon cœur se fond de tendresse; je perds toute sensation terrestre, tout sentiment de rancune ou de lutte politique... Je saisis la main du prélat et je la serre cordialement, fraternellement, en lui disant cette phrase banale, stupide, éternelle, mais que seule ma langue consent à prononcer, tant est grande mon émotion :

— Bonjour, monsieur... Je suis on ne peut plus heureux de faire votre connaissance.

Comment la terre n'a-t-elle pas tremblé sous mes

pieds, à ces fatales paroles ? Comment le ciel ne s'est-il pas mis à lancer la foudre, pour m'avertir de l'horrible faute que je viens de commettre, — faute, hélas ! qui a dévoilé tout à coup, aux yeux de ces « personnes choisies », ma bassesse et mon ignorance ? Je ne sais...

Ce que je sais, c'est que le digne archevêque s'est dérobé insensiblement, sans paraître trop courroucé, à mon étreinte inconsidérée; c'est que l'évêque de Soissons m'a regardé en fronçant le sourcil; c'est que tous les autres hauts personnages ont imité leurs maîtres, et que j'ai senti tout à coup comme un vide moral se faire autour de moi...

Quel crime ai-je donc commis ?

Quel crime ?... Ah ! je l'apprends sur-le-champ, à l'instant même, quand je vois le baron d'Anethan, qui vient de nous rejoindre, se prosterner humblement devant le dignitaire de l'Eglise que j'ai traité si familièrement, l'appeler avec un grand respect, non pas « monsieur, » mais « monseigneur », lui prendre, à son tour, cette main potelée où brille le saphir, non pour la presser dans la sienne, hélas ! mais pour y déposer, d'une façon excessivement délicate, un religieux baiser, — ce qui lui vaut, par le fait même, plusieurs années d'indulgences.

Et voilà ce que moi, indigne, je n'ai pas compris ! Mon compagnon de route ne s'est, lui, rendu coupable que de la moitié du forfait : il a serré la main, sans baiser l'anneau, mais il a dit : « monseigneur ».

L'émotion passée, on se met en route; la visite aux catacombes est des plus intéressantes; — seulement, « les personnes choisies » ne nous adressent plus la parole. Nous sommes jugés.

Il est juste pourtant d'excepter de cette réprobation générale dont nous sommes subitement devenus les objets, un brave homme de chanoine, dont le seul défaut est de ramasser à chaque pas de gros morceaux de marbre, derniers débris du tombeau de quelque martyr oublié, et — horrible sacrilège ! — de les fourrer en poche « pour s'en faire, dit-il, des presse-papiers. »

Au sortir des catacombes, le brave chanoine ne pèse certainement pas moins de deux cent cinquante à trois cents kilos.

VI

Jadis, l'Italie était, comme l'Espagne, la terre bénie des couvents. Aujourd'hui, la confiscation par l'Etat des biens appartenant aux corporations religieuses est venue changer tout cela. Pauvres moines ! Expulsés sans pitié de leurs cellules, troublés dans leur paix pieuse, interrompus dans leur doux *far-niente* ! Il faut entendre leurs plaintes, il faut voir couler leurs pleurs !

Le gouvernement italien, après avoir pris possession des couvents et en avoir renvoyé les habitants, a prié deux ou trois religieux de chaque corporation de bien vouloir y rester pour garder la maison, pour l'entretenir, pour la montrer aux étrangers. Vit-on jamais plus cruelle ironie ? Mais ces braves gens n'ont eu garde de refuser. Ils sont restés, tandis que leurs frères s'en allaient, le sac sur le dos, le bâton à la main, vers des rivages plus hospitaliers. Ils sont restés, et maintenant, abandonnés dans ces vastes demeures, ils se consolent de leur martyre en excitant la pitié des visiteurs et en faisant des malheurs de la religion un tableau désespérant, qui leur vaut chaque fois un bon pourboire.

Et ainsi, peu à peu, ce sont les *forestieri* qui indemnisent les pauvres moines des pertes que leur a fait subir l'impiété officielle. Car les *forestieri* ont bon cœur; ils savent d'avance, en mettant le pied dans la patrie du Dante, les épreuves auxquelles leur bourse sera soumise; ils savent ce que coûtent ce ciel d'azur, ces monuments de marbre, ces ruines vénérables, ces chefs-d'œuvre de l'art qu'ils viennent admirer. Que deviendraient les Italiens sans les étrangers? Se figure-t-on l'épouvantable faillite de ce peuple charmant le jour où, par suite de je ne sais quel cataclysme, il lui serait interdit de mettre en location, au mois et au jour, son soleil, ses orangers, ses ruines, et où il verrait ses hôtels déserts, ses musées vides, ses paysages veufs d'Anglais, et où vainement, dans la solitude sauvage de la campagne romaine, il cher- cherait à découvrir la flamme rouge d'un Guide Bae- deker ou la danse folle d'un voile vert taquiné par la brise ?...

Ils ont pourtant l'existence relativement très heureuse, les moines d'Italie. Ils ne sont pas tenus, là, au décorum obligatoire dans les pays du Nord. Qui donc oserait trouver mauvais qu'ils s'en vinssent respirer les pre- mières senteurs du printemps, le dimanche après-midi, au Pincio, dans la mêlée mondaine des équipages, des flâneurs, des gens de toute condition et de toute pro- fession, et qu'ils s'enhardissent à admirer les jolies femmes, créatures de Dieu, tout comme nous autres, pécheurs vulgaires et sans scrupules?

Puis, quand la saison d'été ramène les chaleurs suffo- quantes et que, l'après-midi, les églises sont inhabitées, à l'heure de la sieste et de la digestion, n'est-ce pas un

plaisir permis que celui de dégourdir leurs membres par
quelque exercice mouvementé, tel que le jeu de quilles
ou le jeu de boules, tant cultivés dans l'ombre discrète
des cloîtres? Mais, en plein air, le soleil darde des rayons
trop cuisants.., Alors, ces bons pères transportent gravement leurs quilles et leurs boules dans l'église dé-
serte. Personne n'est là pour les guetter; aucun œil
perfide ne les observe. Et les voilà, sous la protection
muette des Vierges miraculeuses et des Jésus mysti-
ques, emplissant la majesté du saint lieu d'un tohu-
bohu énorme d'engins lourds, roulant, dégringolant,
se heurtant avec fracas les uns contre les autres, et de
voix formidables renvoyées de cent côtés à la fois par
les échos furieux. On dirait l'enfer déchaîné dans une
sarabande féroce.

Cela dure deux heures, trois heures... Après quoi, au
premier signal de la cloche annonçant le retour des
fidèles, tout rentre subitement dans l'ordre; les voix se
taisent; les quilles disparaissent; on voit les robes
brunes, relevées tantôt jusqu'à la ceinture, se rabaisser
en un clin d'œil; les physionomies reprennent leur caractère d'onction, et, derrière les cierges rallumés, les
Vierges miraculeuses, gardant pieusement le secret du
spectacle auquel elles viennent d'assister, continuent à
tendre leurs bras couverts d'ex-voto à leurs adorateurs
prosternés.

Cependant, il faut aller loin, bien loin, dans la solitude,
pour trouver encore, naïve et pure, la paix profonde des
cloîtres et la candeur légendaire des religieux italiens.

Là, parfois, la tourmente révolutionnaire a passé sans laisser de traces, épargnant ce que la civilisation moderne a épargné, respectant l'humilité de la retraite et la simplicité des mœurs.

On m'avait parlé d'un couvent, caché dans un bois d'oliviers, entre le lac d'Albano et le lac Némi, à l'abri des yeux profanes, et sans relation aucune avec le reste du monde. Douze moines de l'ordre de Saint-François y vivaient, disait-on, dans l'état de primitive piété, cultivant leurs champs, priant, bâillant, dormant, se nourrissant de rien, et pourtant gros et gras. Depuis combien de temps habitaient-ils cette retraite perdue? Qui sait ? Peut-être depuis le jour où un prince de Bavière quelconque vint les y installer; peut-être depuis toujours...

Un artiste belge, un peintre, conduit par son caprice ou par le hasard, était venu un soir d'hiver frapper à la porte du couvent; les bons pères lui avaient offert l'hospitalité. Il y avait précisément dans la chapelle des tableaux de grands maîtres, des tableaux presque inconnus, qui jamais n'avaient été décrochés de la place où leurs auteurs les avaient mis, et que personne n'était allé voir... Quelle aubaine inespérée ! L'artiste avait sollicité la grâce de pouvoir les étudier, les copier même; on la lui avait accordée. Et il était devenu ainsi l'hôte des franciscains, et bientôt leur ami.

Pendant le jour, on travaillait, lui à ses chers tableaux, eux à leurs prières et à leur culture. La nuit venue, on se réunissait dans une grande salle à peine éclairée par une petite lampe à l'huile d'olive, qui faisait tout ce qu'elle pouvait, la pauvrette, pour distribuer un peu de

lumière à tout le monde. On jouait aux échecs, aux
dames, aux cartes, tantôt silencieusement, tantôt bruyam-
ment. Mais les cartes, les dames, les échecs, cela finis-
sait, à la longue, par lasser. Une fois, l'artiste, mis en
belle humeur par un petit vin du crû tout à fait aimable,
s'était risqué à conter une histoire, puis deux, puis trois,
Aussitôt, les moines avaient abandonné leurs jeux; on
avait fait cercle autour de lui... Décidément, voilà du
nouveau; à la bonne heure! c'était bien plus amusant
que tout le reste, cela! Et l'artiste contait sans cesse,
sans relâche... On se tordait de rire; les visages ronds
s'épanouissaient; les bedaines frémissaient; des larmes
de joie coulaient sur les joues illuminées des disciples de
saint François.

Et que leur contait-il donc de si intéressant, le narra-
teur improvisé, dans son langage italien pimenté d'un
accent de terroir flamand qui en augmentait sans doute la
saveur?... Oh! ne rougissez pas trop, chères lectrices,
puisque les moines ne rougissaient pas, eux, — bien au
contraire!... Il leur contait Boccace, — oui, Boccace,
le poëte égrillard et salé, leur compatriote, du reste; et
c'était un étranger qui venait le leur révéler!

Le *Décaméron* tout entier y passa, et à plusieurs
reprises, je vous jure. Quand l'artiste eut tout conté et
reconté, on lui demanda d'autres histoires encore; et il
en servit d'autres, non moins grasses, — c'étaient celles-
là qu'on préférait, — empruntées à l'imagination de tous
les peuples, et un peu aussi à la sienne, de temps en
temps, quand la mémoire venait à lui manquer.

Oh! comme le complaisant conteur était choyé, dorloté,
soigné par les moines! Quel respect! quel empressement

à satisfaire ses moindres désirs! Une vie nouvelle sem-
blait s'être faite dans cette retraite jadis si monotone; le
soleil était plus caressant, le pain plus tendre, le vin plus
parfumé. Et comme le temps passait vite! Et comme les
offices étaient courts! Et comme était attendue avec impa-
tience l'heure du souper, qui amenait l'heure de la réunion quotidienne de la communauté dans la grande salle,
sous la lumière tremblotante, mais si joyeuse maintenant,
de la petite lampe à l'huile d'olive!

Un matin, le supérieur appela le peintre dans sa
cellule, mystérieusement.

— Par pitié! dit-il, ne racontez plus ces histoires...
Depuis quelques jours, tous mes moines ont le diable
au corps... Cela finira mal; je n'en puis plus venir à
bout!

Le peintre cessa donc de raconter. Il prétexta à ses
auditeurs une fatigue insurmontable de la poitrine : il
avait trop parlé; un peu de repos lui était nécessaire.
Hélas ! ce fut un gros chagrin ; mais on n'osa pas
insister. Alors, pour consoler les moines inconsolables
et pour les distraire quand même dans les longues soirées,
il leur apprit à danser. C'était un bon exercice; la fatigue
du corps apporte à l'âme un calme salutaire. Tel fut
l'avis du supérieur, que l'artiste s'était fait un devoir de
consulter au préalable. Et la danse eut, en effet, un
excellent résultat. D'autant plus qu'il ne pouvait s'agir
de la danse reposée et rhythmée des salons. Il fallait
à ces jarrets de fer autre chose que les balancements
énervants de la mazurka ou les tournoiements effé-
minés de la valse. Le quadrille valait mieux; le cancan
fut l'idéal... Oui, le cancan! Horreur! Le peintre, grave

dans ses facéties, leur en apprit tous les mystères; et
ses élèves furent convaincus que les plus beaux danseurs de la cour de Vienne ne dansaient pas aussi
bien qu'eux.

Mais, ici bas, rien ne dure. L'hôte des franciscains
dut se résoudre à quitter ce séjour où il avait passé
tant d'heures pieuses. Il partit, emportant la reconnaissance éternelle de ceux qu'il avait charmés par la
variété de son savoir et l'engagement solennel d'une
messe dite à perpétuité pour son bonheur en ce monde
et son salut dans l'autre.

J'ai voulu aller, à mon tour, rendre visite à ces moines. J'étais curieux de juger des fruits, après quelques
mois, de l'éducation qu'ils avaient reçue si inopinément,
comme une faveur du Ciel. Je suis parti, traversant les
déserts pittoresques de la campagne romaine, superbe
dans sa désolation.

Enfin, j'arrive. Je découvre le couvent caché dans les
arbres, morne et silencieux. Je frappe à la petite porte
où, un soir, l'artiste vagabond est venu, lui aussi,
frapper. On m'ouvre; on me montre le couvent, ses
cellules, sa chapelle, ses fameux tableaux. Dans la cour
du couvent, les douze religieux rassemblés viennent
familièrement, charitablement à moi. Nous causons. Ils
me donnent quelques détails sur les règles sévères de
leur ordre, sur leurs occupations, sur leurs travaux,
toujours les mêmes. Je me hasarde, avec une sollicitude
discrète, à leur demander si cette monotonie ne finit
point par engendrer l'ennui et par leur être à charge...

— Au contraire, me répondent-ils en souriant : elle nous fait mieux goûter la longueur de la vie.

Cette philosophie, je l'avoue, me fait perdre un instant tout espoir. Mais je prends mon courage à deux mains et, franchement, brusquement, du ton dont on se sert pour dire la chose la plus naturelle :

— Savez-vous danser?...

A cette question, un éclair brille dans tous ces yeux surpris; et les douze moines, en chœur, s'écrient :

— *Oh! si, signor!*

Et, ce disant, en un clin d'œil, ils sont sur deux rangs, retroussent leurs robes, claquent des mains, battent des pieds, la tête haute, le torse en avant, courent, sautent, lèvent la jambe, font autour d'eux des nuages de poussière, dans un débraillé fantastique de soutanes au vent et de sandales en l'air. C'est le cancan, le véritable cancan, un cancan épique, échevelé, tel que les bals de guinguette n'en rêvèrent jamais de semblable.

La dernière « figure » achevée, les douze moines, suant, soufflant, tout en eau, se tournent vers moi et, corrigeant le désordre de leur toilette, ils me disent avec une respectueuse révérence :

— *E finito...* C'est fini.

Je les ai félicités chaleureusement. Ils ont dû bien voir, à l'émotion avec laquelle je leur ai parlé, que mes éloges n'étaient point banals et qu'ils partaient du plus profond de mon cœur.

BERSAGLIERE

NAPLES

I

Naples! Ce nom seul éveille des pensées roses
et bleues, des pensées de verdure, de fleurs,
de rayons d'or. Quand le vent d'hiver souffle,
quand nos brumes et nos pluies vous font
maudire de tout cœur le sol sacré de la patrie
glacée, bonnes gens, vous murmurez ce doux
nom avec amertume et regret; vous vous
écriez, à l'instar de tous les imbéciles qui ont entendu
parler de l'Italie une fois dans leur vie : « Voir Naples
et puis mourir! » Vous rêvez d'un printemps éternel,
semblable à celui qui parfumait l'île fameuse de dame
Calypso, et vous pleurez le sort inexorable qui vous
attache au rivage, impitoyablement.

La vérité est, hélas! que ces lieux enchanteurs ont,
eux aussi, leurs hivers glacés et leurs pluies torren-

tielles. Les poètes et les touristes sont parfois d'affreux fanfarons qui ne montrent que la clarté riante des choses et en cachent avec soin les ombres dolentes; ils ont la bouche pleine des splendeurs radieuses du golfe de Naples, de sa gaieté, de sa vie, saluées par les fanfares éblouissantes du soleil qui caresse éternellement l'épiderme des mortels assez bénis du ciel pour être nés dans cet Éden. Mais ce qu'ils ne disent pas, ce sont les nuages qui crèvent, le vent qui souffle, les paletots, les fourrures, les feux de bois dans les cheminées qui ne tirent pas, et les parapluies, hélas! — tout cela accompagné d'une fuite générale d'êtres de tout âge et de tout sexe au fond de leurs tanières, où ils grelottent consciencieusement.

La gelée à Naples, c'est comme un coup de poing sur l'œil du bon Dieu.

Les Napolitains prétendent que ce temps-là est une rareté : cela se peut; mais, comme les Napolitains sont avant tout gens de commerce et que leurs paroles ne sont pas articles de foi, rien ne prouve cette assertion, fort sujette à caution. On n'a pas encore pu décider, par exemple, l'importante question de savoir si le climat de Naples est bon ou mauvais; les habitants disent qu'il est excellent; les étrangers assurent qu'on n'en vit jamais de pire, qu'il donne toutes sortes de fièvres et de maladies. C'est une lutte acharnée qui remplit les colonnes des journaux de polémiques furibondes; quand elles ne suffisent pas, on placarde sur tous les murs une petite affiche émanant de la municipalité et proclamant faux et mensongers les bruits malveillants qui courent sur l'état sanitaire de la ville.

Dans ce péril extrême, les consciences flottent indécices et ne savent plus à quels médecins se vouer. Vous tenez cependant, bon gré mal gré, à être renseigné. Vous demandez à votre hôtelier ce qu'il pense du temps qu'il fait.

— Oh! monsieur, répond-il sur un ton léger, cela ne durera pas ; demain, il fera magnifique!

Vous interrogez ensuite le portier... Le portier est généralement un garçon prudent et qui passe pour rendre des oracles; il met dans sa réponse des nuances discrètes :

— Demain, dit-il, il *pourrait bien* faire beau...

Vient ensuite le garçon de table. Celui-là, pour qui la besogne la plus légère est ordinairement la meilleure, s'exprime sans détour :

— Voyez-vous, Monsieur, s'écrie-t-il avec conviction, la pluie, à Naples, on voit bien quand ça commence, mais on ne sait jamais quand ça finit!...

Et vous voilà complétement éclairé.

Mais, c'est égal, celui qui a dit : « *Voir Naples et puis mourir,* » était un bien aimable farceur... A moins qu'il n'ait voulu attacher à cette pensée profonde le sens de celle-ci, par exemple : « Entendre un discours de M. Kervyn de Lettenhove et puis mourir, » — ceci étant la conséquence de cela.

Un autre préjugé, dont on s'obstine à nourrir le public, c'est la prétendue originalité du peuple et de la ville de Naples.

Qui n'a parlé cent fois des brigands, des lazzarones,

des costumes, des habitudes et des mœurs étranges que
l'on voit ici? Les récits des touristes en sont remplis...
Tout cela est pure illusion. Les rues sont les mêmes que
chez nous, — un peu plus sales, voilà tout; on s'habille,
on boit, on mange comme à Paris et ailleurs. Il y a des
orgues-pianos de tous côtés, un *Skating-Rink* qui fait
fureur et des tramways dirigés par des Belges. Enfin les
bazars et les *buvettes parisiennes* foisonnent.

La civilisation et le raffinement y sont même poussés
plus loin que partout, témoin l'annonce ci-jointe —
en français — que l'on distribue aux passants :

Antoine Confortini

—

OUVERTURE

DU

SALON DE TOILETTE

POUR LA CHAUSSURE

—

Samedi 3 Mars 1877

PLACE DU MUNICIPE N° 9

PRIX 0,10

Puis, des magasins à la dernière mode. Les enseignes
mêmes affectent des allures d'enseignes de Paris; j'ai lu
celle-ci illustrant une boutique de draps, rue de Tolède :

AU GARÇON CHIC.

Connaissez-vous rien de plus navrant qu'une pareille
découverte?

A Rome, on rencontre par-ci par-là de jolies *cioccare* dans leurs costumes nationaux. A Naples, plus rien de tout cela : la redingote et la jaquette sont à l'ordre du jour ; tout le monde les porte, et l'on semble avoir perdu jusqu'au souvenir de la coupe d'habillements antique et solennelle que l'on nous a tant de fois décrite dans les livres. La saleté proverbiale du pays tend elle-même à disparaître ; c'est désespérant.

Le soir, on peut se promener impunément, sans crainte d'être inquiété ; jamais le plus petit coup de couteau. On ne voit point, comme on le fait accroire, les bonnes gens faire leur toilette en plein air. Pas la moindre sérénade ; la mandoline et la guitare résonnent encore quelquefois, mais c'est au restaurant, pour charmer la digestion des consommateurs. Le fameux vin de *Lacryma-Christi* vaut tout le reste ; le rouge est du bordeaux et le blanc est du cidre.

Il n'y a plus moyen de faire de la poésie dans de pareilles conditions.

La seule chose qui soit restée à peu près telle qu'on se plaît à se la figurer, c'est l'esprit superstitieux et dévot de la population. Le gouvernement italien fait tout ce qu'il peut pour le combattre ; il a enlevé, par exemple, toutes les madones qui se trouvaient jadis au coin des rues : mais les cabaretiers, les patrons d'*osterie*, les ont recueillies chez eux et leur ont élevé des petits autels soigneusement ornés d'un tronc pour les besoins du culte.

On a construit, il y a quelques années, un nouveau marché couvert sur l'emplacement d'un jardin ayant

appartenu à des moines napolitains et confisqué, avec le
couvent, au profit de l'Etat. Ç'a été le point de départ
d'une croisade prêchée par les exilés, qui se sont mis à
menacer de toutes les horreurs de l'enfer quiconque ferait
ses provisions dans ce lieu profané.

Il n'en a pas fallu davantage pour « ensorceler » le
pauvre marché. Depuis son achèvement, il est désert ;
vendeurs et acheteurs ne voudraient, pour tout l'or du
pays (il est vrai que cela n'est guère) y faire ni trafics
ni emplettes : ils sont persuadés que cela leur porterait
inévitablement malheur.

II

Je disais tout à l'heure qu'il n'y a plus de brigands à Naples. Je me trompe : il n'y en a jamais eu autant. Mais ce n'est plus dans les montagnes ni sur les routes qu'ils s'embusquent pour dépouiller les gens. Ils opèrent aujourd'hui d'une façon plus aimable; ils se sont faits hôteliers, cochers de fiacre, marchands; ils ont des mines honnêtes, saluent les clients jusqu'à terre, se signent dévotement en empochant l'argent qu'ils volent et sont presque toujours en fort bons termes avec les agents de la sûreté publique.

Quand ils se voient à bout d'expédients, ils s'improvisent mendiants ou plutôt... je ne dirai pas quoi... (mettons : marchands d'allumettes). Ils font d'excellentes affaires. Cela pullule, cela grouille autour de vous, cela s'attache à vos pas, fourrant de force leur marchandise dans vos mains, dans vos poches, et se sauvant aussitôt pour que vous ne puissiez la leur rendre, — quitte à revenir ensuite chercher leur argent.

Puis — et ici je ne parle pas seulement de Naples, mais aussi et surtout de Rome, — autre lèpre non moins redoutable : à la porte des musées et des églises, les guides, les cicérones, les sacristains et — variété subtile et dangereuse, — « ceux qui vont chercher le sacristain ». Malheur à vous si vous avez des gants, un chapeau de soie et surtout un sac de cuir porté en bandouillère !... Puis encore, dans les musées mêmes, dont l'entrée est gratuite, les gardiens — cruelle engeance ! — qui tiennent closes les portes qui devraient être ouvertes pour ne les ouvrir que moyennant finances, qui se précipitent à votre sortie, tendant la main sans vergogne et bougonnant toujours du peu que vous leur donnez.

Il n'existe qu'un seul moyen pour couper court à cette dernière exploitation, fort répandue dans toutes les galeries qui dépendent du Vatican, mais interdite dans les galeries de l'Etat : — c'est de remplacer l'éternel pourboire, *bona mancha*, par un profond salut accompagné de remercîments vifs et chaleureux ; le plaisir d'être traité avec tant de déférence balance, un instant du moins, dans l'âme de ces cerbères, la fureur de ne rien recevoir. C'est toujours cela de gagné.

Personne, mieux que les Napolitains, ne s'entend à faire payer aux pauvres *forestieri* dix fois la valeur d'une chose et à réclamer encore, après convention, le double du prix accepté. Osez-vous réclamer : aussitôt cinq, dix, vingt complices surgissent de tous côtés pour attester la bonne foi de leur confrère et vous prouver que c'est vous qui voulez le voler. Ils crient, ils tempêtent, ils menacent. Si vous êtes aguerri contre ces manières, vous levez hardiment la canne, et, en un clin d'œil, toute cette tourbe disparaît, — car le Napolitain est aussi poltron qu'il est hâbleur.

Ce geste expressif est la clef de presque toutes les

situations difficiles, à Naples. Les autorités, quand il
s'agit d'inspirer le respect de l'ordre et de la civilisation
à ceux qui s'en écartent, n'ont pas recours à d'autres
arguments. Aussi, les carabines et les bicornes ont-ils
un pouvoir souverain pour la moralisation des masses,
— bien plus, à coup sûr, que la superstition et la bigo-
terie, qui sont absolument impuissantes : il n'y a pas de
plus acharnés dévots que les détrousseurs de grands
chemins.

Ceci peut servir de réponse à ce que disait je ne sais
plus quel orateur du Parlement belge, qui prétendait
naguère qu'un peloton de gendarmes ne vaut pas un bon
curé.

Aussi, la méfiance mutuelle règne partout, du haut
jusqu'en bas de « l'échelle sociale ». Les étalages en
plein vent sont rares, et ceux qui existent sont l'objet
d'une surveillance active. Il y a des squares sur les places
publiques ; mais ils sont soigneusement fermés et
entourés d'une corde que l'on ne peut franchir.

Dans les maisons particulières, les précautions aug-
mentent encore, — et pour cause. Je n'exagère rien. On
se gardera avec soin de laisser traîner quelque chose
dans les salons où l'on reçoit les visiteurs ; sinon, cinq
fois sur dix, après la visite, il manquera l'un ou l'autre
objet aux étagères de bibelots.

Dernièrement, le consul de Russie a donné une grande
soirée chez lui. Il avait pris auparavant les mêmes me-
sures de prudence, — ce qui n'a pas empêché plusieurs
invités de trouver à emporter quelques « souvenirs » de
cette réception brillante. Cela nous semble extraordinaire,
à nous, gens du Nord, qui avons encore parfois quelque

délicatesse. Ici, rien n'est plus naturel ; c'est dans le sang
et dans les habitudes, et l'on ne songe pas à s'en for-
maliser. Tant pis pour ceux qui ne se mettent pas sur
leurs gardes et se laissent voler. Le plus adroit a toujours seul raison.

III

Ce qui, du moins, a survécu du Naples légendaire des poètes et des touristes, c'est le mouvement endiablé de ses quartiers populaires, avec leurs clameurs folles et leur symphonie fantastique de bruits assourdissants et d'odeurs pénétrantes; les troupeaux de porcs noirs et de chèvres, au cou desquelles tintinnabulent des clochettes de cuivre; les attelages de buffles et de mulets accouplés bizarrement; les marchands de *frutti di mare*, sur les quais, offrant aux amateurs les variétés les plus inouïes de mollusques et de crustacés, à faire dresser les cheveux sur la tête du gourmet le plus chauve; les courses furibondes des corricolos; les cris des cochers de fiacre harcelant l'étranger qui se permet de marchander, les poursuivant à cinq, dix, quinze par les rues étroites, bousculant leurs attelages pour arriver plus vite, criant, trépignant, faisant au malheureux client une barricade de voitures et de chevaux... Tout cela, c'est bien Naples; nulle autre ville au monde ne nous donnera cette animation, ce va-et-vient, cette vie qui déborde de toutes façons et de tous les côtés, et qui jamais ne repose, et qui recommence toujours, sans cesse, indéfiniment, avec la même gaieté et le même vacarme.

Le célèbre et immortel Pulcinella, lui aussi, vit encore
au milieu de l'évanouissement de tous nos rêves. Mais,
à côté de ce dernier débris du théâtre national, comme
tout a changé et disparu ! L'opérette française, jouée le
plus souvent en français par des troupes ambulantes,
tient le haut du pavé, et elle le tient partout en Italie,
depuis le nord jusqu'au midi. Les calembours à musique
d'Offenbach et les flonflons de Lecocq prennent peu à
peu la place de la vieille farce italienne, qui s'accroche
désespérément à la vie. La comédie suit le même chemin.
Les auteurs indigènes traduisent et pillent les auteurs
étrangers sans beaucoup de façon ; il n'y a pas, dans le
monde, de plus audacieux braconniers littéraires. Parfois
cependant, ils se risquent à suivre leur propre inspira-
ration... Pauvres gens!... J'ai joui d'un de ces régals,
que m'a offert un petit théâtre populaire établi dans les
caves d'une maison de la *Piazza del Municipio*; le théâtre
s'appelle *la Fenice*, et la comédie : *Adamo ed Eva ai
bagni di Montecatini*. Du moins le titre est original.

Voici le sujet de la pièce, — *brillantissima commedia*,
dit l'affiche.

Un père a fiancé sa fille à un jeune homme qu'elle ne
connaît pas. Il arrive avec elle à Montecatini, la colloque
dans une chambre d'hôtel, où la scène se passe, et se
retire immédiatement pour les besoins de l'action dra-
matique. Restée seule, la jeune fille raconte au public
comme quoi elle a rencontré en chemin un Adonis dont
elle est folle et que, en tout cas, elle préfère bien certainement à l'inconnu qu'on lui destine. Son sort est cruel;

elle en pleure amèrement et se casse la tête pour trouver les moyens de l'améliorer, si possible.

Tout à coup elle entend, dans la coulisse, une flûte qui soupire une romance langoureuse. Elle tressaille....

— C'est lui ! s'écrie-t-elle, c'est lui ! Je reconnais sa voix !.....

Et, ce disant, elle s'élance au piano et se met à accompagner la flûte, qui, toujours dans la coulisse, continue ses gloussements harmonieux.

Mais tout a une fin dans ce monde, même les romances pour flûte.... Le flûtiste paraît — sans son instrument. C'est bien, en effet, l'adoré de la belle, l'Adonis dont elle avait deviné l'approche ! Reconnaissance, — élans d'amour, — serments éternels. Dans sa joie, la jeune fille n'imagine rien de mieux que de donner au jeune homme une série de rimes dont elle le prie de faire des bouts-rimés ; puis, comme elle n'aime sans doute pas rester inoccupée, pendant que le flûtiste-poète se gratte la tête et invoque la Muse, elle se remet au piano et exécute un énorme pot-pourri sur les principaux motifs du *Trouvère*. Cela dure vingt minutes.... Tête-à-tête charmant.

La comédienne joue comme une petite pensionnaire ; elle croque les notes et estropie cruellement les gammes... N'importe ! le public est dans l'enchantement ; il fait à l'artiste une ovation enthousiaste.

Le pot-pourri et les vers sont terminés à la satisfaction générale. Les doux propos recommencent alors de plus belle. A un moment donné, le jeune premier, ayant épuisé toutes les ressources de son éloquence et ne trouvant plus d'expression assez ardente pour peindre sa passion, ouvre soudain un large bec et entonne —

sans accompagnement, cette fois, — un air de grand
opéra, qui achève de convaincre sa bien-aimée.

A peine a-t-il fini, que voilà le père de la jeune fille
qui rentre à l'improviste... Tableau !.. Fureur paternelle,
désespoir, supplications, rien n'est épargné. Mais ce
père-là est un rusé ; quand les amoureux ont suffisamment
arrosé ses genoux de leurs larmes, il se met à rire et
leur dit :

— Mes enfants, allez vous marier !

Le galant n'était autre que le fiancé promis — et
refusé d'avance ! Tout le monde s'embrasse ; la toile
tombe.

Ainsi finit la comédie.

IV

Le trésor de Naples, c'est son musée. Il n'y a pas au monde de collection aussi intéressante et aussi complète d'antiquités romaines, de peintures à fresques, de bronzes et de bijoux. Pompeï a été la mine précieuse d'où sont sorties tant de richesses; on a recueilli avec respect ces restes d'un art et d'un siècle immortels, tandis que l'on s'occupait à conserver, dans leurs ruines vénérées, les temples qui les récélaient.

En vérité, on ne peut s'empêcher de regretter cette sorte de mutilation nécessaire, cette séparation forcée du contenu d'avec le contenant. L'un se complétait par l'autre, jadis; leur vie n'en faisait qu'une seule; c'était un chassé-croisé de rayonnements entre les édifices et ce qui les ornait. Aujourd'hui, tout est dispersé ; les murs de Pompeï sont nus; les maisons sont vides, pas un coin qui n'ait été fouillé et gratté avidement. Je sais bien qu'il le fallait ainsi pour la conservation des œuvres trouvées; je sais que l'étiquette et le catalogue avaient, en cette circonstance, des droits inviolables... Mais enfin, cela étant, il faut avouer aussi que la pauvre ville ensevelie n'aura revu la lumière que pour revivre, hélas! d'une existence bien vide. Ce grand corps sans âme, ce cadavre que l'on a dépouillé impitoyablement, comme il semble

avoir froid et comme il fait pitié! Mieux vaudrait lui
laisser quelques-uns de ses anciens atours ; mieux vaudrait le rhabiller un peu, lui donner un certain air vivant
qu'il serait si facile à la science et à l'art de composer
avec intelligence. L'archéologie jetterait peut-être les
hauts cris, — du moins celle qui aime les délabrements
plus que les restaurations respectueuses. Mais, en
revanche, quel intérêt puissant, quels objets d'instruc-
tion, quelles curieuses recherches !... Il est vrai que
l'argent, les finances... Ah! diable, voilà qui coupe court
à toute illusion !

On ne saurait se figurer à quel degré le mauvais goût
règne et domine là même où le monde entier vient admirer
des chefs-d'œuvre inconnus ailleurs. Le mauvais goût
est une plaie qui ronge l'Italie presque tout entière ; à
peine le nord en est-il un peu moins infesté. On vient
d'élever à Naples et on élève encore sur certaines places
publiques des monuments décoratifs que l'on prendrait
partout autre part pour de bonnes plaisanteries destinées
à égayer la mélancolie publique ; les fontaines particulièrement ont un air de gâteaux et de pièces montées
dont un maître d'hôtel ne voudrait pas pour sa table.
Cependant personne ne réclame ; tout le monde admire
en silence ou passe indifférent. C'est ce même mauvais
goût inné qui, dans les théâtres, à côté d'œuvres remar-
quables et d'artistes tout à fait supérieurs, fait germer
des ballets à oripeaux multicolores, tout pleins de richesses
de mise en scène les plus choquantes et accompagnées
d'une musique de cirque endiablée, qui serait accueillie

chez nous par des tonnerres de huées, mais que l'on
acclame et que l'on applaudit ici frénétiquement. Le *San
Carlo* de Naples est passé maître en ce genre, et l'*Apollo*
de Rome marche dignement sur ses traces.

En fait de tableaux, le musée de Naples n'est pas très
fortuné; beaucoup de copies et d'œuvres médiocres, au
milieu desquelles brille une perle inestimable, la *Danaë*
du Titien. Le Titien est, en Italie, comme l'éclat de rire
argentin et voluptueux qui passe au travers des austérités
sereines des autres maîtres; partout on retrouve sa trace,
et on la salue avec la joie de la fleur qui frissonne aux
premiers baisers du soleil. Chacun des rois de la peinture a son trône dans l'une ou l'autre ville où il règne
et qui est le centre de sa gloire; Michel-Ange est à
Rome, Raphaël est à Florence, Paul Véronèse est à
Venise, le Guide est à Bologne; le Titien, lui, s'épar-
pille un peu de tous côtés; il est à la fois à Naples, à
Rome, à Florence, à Venise; il ne garde tout entiers à
cette dernière ville, où jadis il avait sa cour et son
peuple, que ses gravités religieuses et ses chants de foi
chrétienne, ainsi que nous le verrons plus loin... Ailleurs,
il rit, il fait l'amour, il est mondain et sensuel. On dirait
d'un personnage bien placé qui tiendrait à se montrer
sérieux et moral chez lui, mais qui, une fois échappé à
son milieu officiel, jetterait soudain le decorum aux
orties pour ne plus songer qu'aux amoureuses bom-
bances et aux gentes fillettes.

Et, de fait, c'est qu'il les connaît bien, les gentes
fillettes! c'est qu'il sait, mieux que personne, leur donner

ce parfum enivrant de la volupté, faire palpiter leur
chair ardente, les couvrir toutes vives de ces tressail-
lements exquis qui sentent les baisers et les morsures
des amants... Voyez la *Danaë*. Quels feux brillent dans
ces prunelles! quel sang chaud et vibrant court sous
cette peau satinée! Comme cette manne d'or mystérieuse, récélant l'incognito d'un dieu, éveille le plaisir
dans ces sens de femme toute hors d'elle-même!

Aucun peintre n'a égalé, dans l'exécution des chairs,
cette puissance de vie et de vérité. La galerie Borghèse,
à Rome, possède une *Danaë* — d'ailleurs fort belle, —
du Corrège; quelle différence avec celle du Titien! Elle
est exsangue et chétive; elle a du lait dans les veines;
son corps gracieux et fluet ne reçoit qu'en tremblant
l'approche du galant Jupiter. La *Danaë* du Corrège est
une jeune grisette étiolée des villes; le Titien a donné à
la sienne la prestance et la robustesse d'une fille du Midi
brunie par un soleil vivifiant. Les mêmes splendeurs de
coloris et de modelé distinguent toutes ses toiles : tel
nous avons vu l'*Amour profane et l'amour sacré*, à Rome;
telles nous verrons à Florence ses superbes et luxurian-
tes *Vénus*.

Notre époque poursuit avec opiniâtreté un idéal de
naturalisme qu'elle atteindra certainement, car il est de
l'essence même de l'art. Le Titien l'a poursuivi aussi et
lui a été fidèle, plus qu'aucun autre de ses contemporains.
Malheureusement, son siècle voulait de l'histoire, de la
mythologie, et ne voulait rien d'autre. Il lui a obéi; mais
ses héros, si antiques que soient les noms qu'ils portent,
sont cependant bien de son temps. Quelles œuvres il eût
produites si, arrivant à un moment plus rapproché de

nous, il eût pu défendre nos idées et servir notre cause!
Je me plais à me le figurer le peintre de notre vie
moderne, vigoureux et sain, interprétant la nature non-
seulement avec son pinceau brûlant, mais aussi avec un
esprit ouvert à toutes les sincérités de notre temps, pei-
gnant le nu dans son milieu réel, donnant une âme aux
choses, ressuscitant, aussi bien que Jésus, les corps sur
ses toiles magistrales. Quel maître et quelle gloire nous
eussions possédés!

DE NAPLES A VENISE.

I

L est temps de presser un peu ces notes ; l'heure du retour a sonné. Disons adieu à Naples et à la mer bleue ; saluons encore Rome en passant... Voici Florence, le temple de l'art italien, la ville des élégances superbes des grands siècles passés, l'heureuse propriétaire de ces sanctuaires merveilleux que l'on nomme les *Uffizi* et le palais Pitti. Ici, la Renaissance apparaît dans toute sa splendeur ; c'est comme un voile qui se déchire tout à coup et montre les richesses éblouissantes que l'on n'avait encore fait qu'entrevoir ou deviner.

La galerie du palais Pitti a donné un cadre incomparable aux trésors qu'elle possède ; c'est bien la demeure qui leur convient et dont ils sont dignes. Le cadre des *Uffizi* est plus simple ; les salles et leur disposition n'ont

pas le même luxe princier ni le même confortable.
Quand le temps est frais, on y gèle. Les copistes —
race maudite ! — décrochent sans façon les plus belles
toiles et les emportent dans les corridors, mieux éclairés,
du palais pour se livrer sur elles, tout à leur aise, à leurs
instincts dépravés. Tant pis pour le public s'il ne trouve
pas ce qu'il est venu chercher de si loin ; les petits
besoins du trafic sont, paraît-il, d'une importance devant
laquelle tout doit céder.

La fameuse *Tribune* est, par ce fait, pillée impitoyablement, — car le jour y est assez mauvais et l'obscurité
qui y règne permet à peine d'examiner, comme ils le
méritent, les chefs-d'œuvre qui l'ornent ; les autres
salles ont un jour plus favorable; mais n'importe: la
routine tiendra bon. Les tableaux qu'on ne peut décrocher
sont assaillis ; les chevalets en font l'assaut et se dressent
tout autour comme des machines de siége ; impossible
d'approcher ; et gare à vous si vous vous avisez de
déranger les barbares qui violent ainsi ce que l'art
possède de plus sacré !

Florence a les *Vénus* du Titien ; j'en ai parlé dans
mes dernières notes sur Naples. Elle a André del Sarto,
Léonard de Vinci, Fra Bartolommeo; elle a une admirable
collection de petits Hollandais, de Mieris et de Netscher;
elle a la Vénus de Médicis ; elle a Michel-Ange statuaire,
avec son *David* et son tombeau des Médicis ; elle a surtout
Raphaël, avec ses Vierges si touchantes et si pures, ses
Vierges qui restent vraiment femmes et dont la simplicité
naïve fait la divinité. Personne, à mon avis, ne les a

BIGOLANTE

(Porteuse d'eau à Venise)

mieux jugées que les frères de Goncourt : « Raphaël, écrivent-ils, a créé le type classique de la Vierge par la perfection de la beauté vulgaire, par le contraire absolu de la beauté que le Vinci chercha dans l'exquisité du type et la rareté de l'expression. Il lui a attribué un caractère de sérénité tout humaine, une espèce de beauté ronde, une santé presque junonienne. Ses Vierges sont des mères mûres et bien portantes, des épouses de saint Joseph. Ce qu'elles réalisent, c'est le programme que le gros public des fidèles se fait de la Mère de Dieu. Par là, elles resteront éternellement populaires ; elles demeureront, de la Vierge catholique, la représentation la plus claire, la plus générale, la plus accessible, la plus bourgeoisement hiératique, la mieux appropriée au goût d'art de la piété. *La Vierge à la chaise* sera toujours *l'académie* de la divinité de la femme. »

Il y a tout un monde entre les Vierges de Raphaël et ses autres représentations du type féminin. Le joyau de la galerie de Bologne, la *Sainte-Cécile*, nous montre, non plus la femme simple, bourgeoise, dirais-je, que nous venons de voir ; ce n'est plus la Vierge ornée de l'auréole de la maternité, mais une vierge moins attachée à la terre, d'une condition et d'une naissance certainement plus élevées, une vierge *aristocrate* enfin et dont le regard s'illumine d'un rayon extatique. Celle-ci aspire après les joies du ciel; son âme semble vouloir s'envoler plus haut et solliciter la possession d'un Dieu; — les autres, au contraire, n'ont rien après quoi elles puissent aspirer; leur paradis est sur la terre, vers laquelle elles baissent les yeux; leur Dieu est dans leurs bras.

Quel adorable séjour, Florence, avec ses palais, ses jardins, son beau fleuve qui roule ses eaux à travers les vestiges encore vivants des splendeurs passées ! Et toute une population vive, joyeuse, spirituelle souvent, affable toujours. Dans un restaurant, un couple tranquille — mari grisonnant, femme jeune et jolie, — achève de dîner. Pendant ce temps, nous, à quelques pas de là, nous sentons l'envie d'un cigare nous tourmenter irrésistiblement :

— La fumée n'incommode pas Madame?

Et le mari, avec empressement:

— Au contraire... Madame fume!

Malheureusement, ici comme à Naples, mais plus encore peut-être, sévit l'épouvantable conspiration des *Guides*, massés sur la *Piazza della Signoria,* aux abords des *Uffizi,* marchands de vade-mecum pendant le jour, marchands d'allumettes dès que le soleil se couche et marchands de toute autre chose pendant toute la soirée.

Adressez-vous à eux, ils ont, à les en croire, la clef des mystères les plus secrets; ils savent ce que nul autre ne sait, et ils vous conduiront partout où vous voudrez, chez ce qu'il y a de mieux, de plus renommé et de plus fêté dans la ville. Ils ont des attaches étroites avec les meilleures familles, avec les artistes célèbres et les personnes appartenant aux mondes les plus divers, depuis le grand monde jusqu'au petit, et particulièrement ce dernier. Le mot impossible ne figure pas dans leur dictionnaire. Magistrature, administration, finance, art, tout cela leur est ouvert et peut s'ouvrir à vous par eux: ce n'est qu'une question de prix, et encore sont-ils

accommodants et abandonnent-ils volontiers, après quelques façons, pour deux lires ce pour quoi ils vous en
réclamaient douze. Les affaires vont si mal! Ayez pitié
des pauvres entremetteurs!

II

Pour aller de Florence à Bologne, on passe les Apennins. Le paysage est d'une sauvagerie magnifique. La voie ferrée monte insensiblement: elle atteint les montagnes; elle grimpe lentement les cimes, toujours, toujours plus haut, creusant en dessous des gorges effrayantes au fond desquelles grouille, tout là-bas, un tas de petites maisons et de petits hommes imperceptibles. Dans la vallée, un torrent serpente avec un mugissement sourd qui, de cette hauteur, paraît un murmure. La voie ferrée traverse de nombreux tunnels; de temps en temps, on aperçoit des échappées de verdure et de fleurs, des panoramas de plaines immenses peuplées, çà et là, de villages qui chantent au soleil.

Et nous montons toujours... Le train s'avance, perçant les nuages qui viennent parfois dérober la terre aux yeux qui la cherchent. Serait-ce un voyage dans la lune, ce que nous faisons là?

Mais non... Voici Bologne, la Bologne des belles et jolies femmes d'Italie, — les plus belles, les plus jolies, si ce n'est les Romaines, qui peuvent leur disputer la palme. Un paradis, pour tous ceux qui aiment le luxe tranquille, un beau soleil qui chauffe comme nulle part, le mouvement d'une petite ville élégante qui vit au

dehors, à l'ombre, sous les arcades des rues, et passe
son temps, le dimanche, à voir passer les gracieuses
filles à la peau mate et blanche illuminée d'yeux noirs
resplendissants, ou à lire les sonnets et les odes affichés
sur la façade de la maison municipale et célébrant les
mariages, naissances, voire même les décès de la
semaine, — œuvres de poètes anonymes, qui font métier
de cela et en récoltent, vraisemblablement de bonnes et
solides rentes... O Torquato Tasso !

Hâtons-nous cependant... En route ! Peu à peu, à travers les brumes des lagunes, perdue dans le lointain de
l'horizon, apparaît la mystérieuse et enchanteresse
Venise. Bientôt tout bruit cesse, un calme majestueux
règne de toutes parts, on arrive dans cette cité étrange,
qui a conservé intact et inviolé le cachet de sa première
magnificence, comme on arriverait au seuil d'un Eden
inconnu où les grondements de la terre ne peuvent péné-
trer.

Il n'y a pas d'expression juste pour rendre l'impression
que l'on ressent tout d'abord en débarquant à Venise,
après s'être habitué à l'animation des autres villes
d'Italie. La gorge se serre, le cœur bat, la bouche est
muette; on s'abandonne tout entier à ce charme nouveau
qui fait hésiter entre la terreur et l'enchantement. On a
la vague perception de choses funèbres, dans ces gondoles tendues de draps noirs comme des catafalques et
qui semblent mener à leur dernière demeure ceux qu'elles
promènent si doucement. Et alors, tout là-bas, dans ce
silence énorme, parmi ces pensées graves qui saisissent

l'esprit étonné, on entend dans les airs les cloches des églises vénitiennes tinter lugubrement...

Mais soudain, les premiers pas faits au sortir de la gondole qui vous dépose sur le quai, la place Saint-Marc et son carillon de merveilles éclatent comme une fanfare... On s'arrête stupéfait, saisi, devant ce centre admirable d'une gloire ancienne et fameuse entre toutes. Ce n'est plus le silence, le recueillement qui planaient tout à l'heure sur la ville : c'est le bourdonnement d'une ruche d'abeilles qui accourt au soleil réchauffer ses ailes dorées. Tout Venise est là, vif, gai, pimpant. Quand arrive le soir, le va-et-vient sous les arcades de la place devient immense; les hommes s'attablent au café; les femmes et les filles défilent tout le long, délurées et joyeuses, avec leurs yeux bruns qui caressent en passant les consommations étalées sur les tables, et leurs cheveux d'un beau blond-cendré, que, par une recherche exquise de coquetterie, elles se plaisent à poudrer légèrement près des tempes. La mantille noire, posée avec grâce sur le derrière de la tête et le châle enlacé négligemment autour du corps, les Vénitiennes ont quelque chose de leurs sœurs les Espagnoles, moins la hardiesse, plus l'abandon et la poésie mélancolique qui révèlent le voisinage de l'Allemagne et des pays du Nord. Et puis, elles ont conservé — chose précieuse — le type caractéristique des filles du Titien; la ressemblance est frappante; on croirait, à voir chacune d'elles, que c'est une création du maître, détachée fraîchement de la toile.

Le Titien ! c'est ici, à Venise, qu'il faut venir pour

l'admirer : l'Académie des beaux-arts possède l'un des
plus beaux chefs-d'œuvre du peintre de la *Danaë*, une
des plus belles pages d'art religieux qui soient en Italie,
l'Assomption. Elle possède aussi cet autre chef-d'œuvre
du Tintoret, *Saint Marc délivrant un esclave condamné*,
brossé avec une prodigieuse vigueur. A Venise enfin
resplendit, entouré d'une auréole prestigieuse, le grand
seigneur de la palette, Paul Véronèse. Je ne le trouve
pourtant pas tout entier dans son immense *Festin
chez Lévi*, qui est, malgré ses décorations et son faste,
d'un ton bien froid, et auquel je préfère, sans difficulté,
ses deux grandes compositions analogues du Louvre.
Mais où brille réellement ce magicien de la palette, c'est
dans les tableaux qui sont de lui à la petite église de *San-
Sébastiano*, le *Martyre de Saint Marc* et la *Purification
de la Vierge* : là, on le retrouve comme on se plaît à se
le figurer, impétueux, splendide, chatoyant ; ces toiles-là
palpitent et vivent dans leur immobilité solennelle ; on
les croirait à peine sorties de l'atelier du maître, tant
elles ont conservé de leur chaleur et de leur éclat. Et
pourtant, quand il les peignit, sa gloire venait seulement
de naître et il n'avait pas encore donné à son talent tout
son prestigieux essor.

Pour que l'illusion soit réelle, pour que la jouissance
soit pure dans cet ensemble de merveilles accumulées par
l'art et par la nature, il est nécessaire parfois — pourquoi le cacher ? — de fermer les yeux et de se recueillir.
Alors, tout le passé splendide de la vieille cité vénitienne.
évoqué comme dans un songe de l'esprit absorbé, surgit

vivant, dans toute sa majesté. Alors, les *cantanti* qui
viennent, le soir, chanter des airs populaires à la porte
des hôtels pour charmer l'étranger et mendier une *bona
mancha*, prennent les allures de pages amoureux soupi-
rant des sérénades sous le balcon des belles dames.
Alors, on n'aperçoit plus le buste doré du roi Victor-
Emmanuel qui se dresse au-dessus d'un trône, dans la
salle du Sénat de l'antique palais des Doges, ni les affi-
ches des théâtres qui annoncent *Il Pompon*, du maëstro
Charles Lecocq et invitent le public aux exercices du
Skating-Rink, ni les moines pansus qui guettent,
appuyés sur les parapets, le passage des gondoles et
essaient de se faire transporter *gratis*, — *ad majorem
Dei glo riam*.

Ah! l'imagination, que de désillusions elle sauve!...
Quand, plus loin, après Venise, après Padoue, à Vérone,
l'esprit et le cœur tout remplis de songes délicieux, on
va s'agenouiller devant l'auge de pierre vide, récem-
ment nettoyée et remise à neuf, que les gens de l'endroit
baptisent complaisamment du nom de « tombeau de
Juliette », il faut bien, là aussi, qu'elle joue son rôle.
Non, les bouquets fanés que viennent déposer dans ce
lieu vénéré les Anglaises fanatiques — si ce n'est plutôt
les propriétaires du « tombeau » eux-mêmes, — la lampe
qui brûle au plafond avec un petit air funèbre attendris-
sant, les fresques peintes sur les murs par des artistes
modestes, — non, tout cela ne suffit point, si l'imagination ne vient en aide à la réalité, à la réalité cruelle,
impitoyable, qui cause tant de ravages dans les cœurs
naïfs, épris d'idéal. Quel coup terrible pour vous, ô
braves cœurs, lorsque, en sortant du jardin potager au

fond duquel on vous a menés, vous lisez, sur une maison voisine, cette enseigne alléchante :

AL TUMBA DI GIULETTA,

CAFFE E RISTORANTO.

O poésie, toi aussi, comme la vertu, ne serais-tu qu'un vain mot?...

III

ADDIO, ITALIA !

Ce n'est pas sans un certain charme que l'on se retrouve chez soi, dans sa patrie, après deux mois d'un rêve que l'on ne se lasse jamais de trouver trop court et trop vite passé. L'esprit se calme ; on envisage dans leur ensemble mille choses qui paraissaient obscures tout d'abord, vues de .près, qui deviennent claires ensuite, se dégagent, brillent en pleine lumière. Une confusion s'opère au commencement ; on n'a pas encore les points de comparaison nécessaires, où l'on peut s'arrêter tout à l'aise et qui font juger un maître ou une époque. On a beau être prévenu, les surprises surgissent à chaque pas. Et c'est précisément le plaisir d'un voyage pareil, de se trouver sans cesse en présence de l'inattendu, du nouveau, de l'inconnu. Que de découvertes on fait, et avec quel orgueil ! Quelle rage contre les cicerones ignorants, contre les avis ridicules, contre les conseils d'épiciers en voyage de noce ! Il n'y a pas de jouissances comparables à celles-là.

Et les Anglais que l'on rencontre à chaque pas, dans tous les coins, par bandes ! On les voit, comme au deuxième acte de *Piccolino*, se suivre à la file, un guide

CHIOZZOTTA

(Femme de pêcheur de Chioggia)

Baedeker dans une main, un parasol dans l'autre. Dans les voitures du chemin de fer, ils s'introduisent escortés de cargaisons immenses de sacs de voyage, châles et couvertures, boîtes à chapeau, paniers à linge, paletots, parapluies, cannes, ombrelles, lunettes d'approche, — que sais-je encore? Tout cela s'entasse sur les bancs, qu'il y ait ou non des êtres humains dessus; puis, quand tout cela est entassé, les propriétaires de ces objets s'installent à leur tour, allongent les jambes sur les genoux de leurs voisins, et, si les voisins réclament, gravement ils leur répondent, sans sourciller :

— Vous pouvez faire la même chose.

Il n'y a décidément que les Anglais pour voyager confortablement.

Une autre variété de voyageurs, ce sont les jeunes couples en pleine lune de miel. On n'en rencontre pas mal, de ces côtés, et, comme ils se croient généralement entourés de sauvages qui ne comprennent ni ne parlent que l'italien, ils ne se gênent pas toujours, en chemin de fer, pour exprimer leurs impressions intimes, si brûlantes aux premiers jours du conjungo!

Il est de bon goût de les laisser s'épancher sans crainte et sans remords, en feignant de ne rien entendre et de ne rien comprendre; puis, quand le terme du voyage est arrivé et que l'on est prêt de s'en aller chacun de son côté, on prend congé de l'heureux couple par quelque phrase courtoise et aimable, débitée dans le plus pur de leur langue maternelle... Tableau!

C'est une petite farce qu'il est toujours agréable de jouer.

Les étrangers ont pourtant ceci de bon, qu'ils portent forcément les hôteliers italiens à accommoder leur cuisine d'après une méthode un peu moins nationale et à essayer de rappeler, ne fût-ce que de loin, le pot-au-feu français, belge ou anglais. Car Dieu sait ce qu'inspirent les fourneaux italiens! On m'a servi un jour ce que la carte appelait ingénûment : du *Boudin diplomatique*. Certes, voilà qui n'était pas flatteur pour les diplomates. Mais qu'importe! C'était peut-être une allusion politique. En vain me suis-je efforcé de faire avouer au *cameriere* qu'il s'agissait, non pas de *Boudin*, mais de *Pudding*, — jamais il n'a voulu y consentir.

C'est dans les villes d'Italie les moins visitées que l'on peut déguster, à l'état de simple nature, les merveilles de la cuisine ultramontaine. A Pise, par exemple, un beefsteack vaut un long poëme. Par bonheur, dans ces mêmes villes, il y a un remède à ces maux : ce remède consiste en certains petits vins qui ne sont point mauvais du tout; en outre, fort innocents. Le plus célèbre provient d'une petite localité qui a nom Montefiascone. Un indigène m'a raconté, chemin faisant, la légende de ce bon petit vin, — car il a une légende. Il paraît que, à une époque fort reculée, vivait là un chanoine dodu, Jean Fugger d'Augsbourg, qui aimait fort la dive bouteille. Cette passion lui fut fatale. Un soir, son domestique le trouva étendu sans vie sur un amas de flacons vides. Le brave serviteur versa un pleur sur le sort de son maître aimé, et, comme il avait quelque érudition, il composa une épitaphe que l'on grava sur la tombe du chanoine :

Est, Est, Est, Propter nimium est,
Johannes de Fuc., D. meus, mortuus Est.

Depuis ce temps-là, le vin de Montefiascone s'appelle
Est, Est.

A la fin du carnaval, à Rome, il y a une foire des vins,
fiera dei vini. Ce n'est ni plus ni moins qu'une véritable foire,
où les propriétaires de vignobles nationaux exposent
leurs produits. Chacun peut déguster, séance tenante,
les mille et une espèces de vin qui s'offrent aux regards
du public, en échantillons élégamment parés. La fête
dure huit jours; après quoi, une commission spéciale
s'occupe de juger les candidats, — car le but de toute
cette exposition est un concours solennel; les prix sont
distribués dans une séance du soir, avec grand fracas de
musique, accompagné d'illumination et de feux de Ben-
gale. La foire se termine par une tombola; les numéros
gagnants donnent droit, selon l'importance, à des lots
variant entre cinq *fiaschetti* et une *barile* entière. Pour
peu qu'on ait un peu de chance, il est facile de se former
ainsi une très jolie cave, à fort bon marché.

Mais tout n'est pas rose. Les dépits et les colères —
colères et dépits inexplosibles, Dieu merci ! — se mêlent
aussi, il faut bien l'avouer, aux admirations et aux
enthousiasmes. On ne peut s'empêcher de soupirer, de
s'indigner parfois en voyant la décadence artistique de
ce peuple dont le monde entier envie les trésors. Je l'ai
déjà dit, le mauvais goût règne en maître absolu en
Italie; mais ce n'est pas seulement le mauvais goût, c'est

10

aussi l'instinct de l'art, c'est la force virile et intellectuelle qui font défaut partout. Les Italiens ont su organiser des Musées, où tableaux et sculptures sont classés avec soin; mais là s'est arrêté leur respect pour le beau. On dirait que la sève qui coulait jadis avec tant de puissance dans les veines de leurs ancêtres s'est subitement desséchée et que les sources en sont taries. Leur école de peinture moderne — celle qui, poursuivant les traditions académiques, dédaigne le groupe jeune et vaillant des imitateurs de Fortuny, les seuls dignes d'être applaudis, malgré leur absence d'originalité et de sincérité, — est bien certainement la chose la plus déplorable qu'on puisse se figurer. Il faut voir, pour le croire, la section moderne des Musées nationaux de Florence et de Milan; l'imagination la plus fantaisiste ne peut se représenter les horreurs qui sont entassées là, à côté même des chefs-d'œuvre anciens.

Et ceci peut servir encore d'argument, — un argument terrible et précieux, — contre ceux qui prétendent que l'art moderne ne saurait subsister sans une communion étroite de pensée et d'action avec l'art de Raphaël et de Jules Romain.

L'esprit mercantile et anti-artistique qui règne en Italie se rencontre à chaque pas. Sauf à Rome, toutes les Galeries du gouvernement ne s'ouvrent au public que moyennant finances. Les dimanches, les jours de fête et de solennité quelconque, ces galeries sont fermées; pas un musée, pas une bibliothèque, pas une curiosité n'est visible.

Dans les autres pays, c'est précisément ces jours-là que la foule se porte en masse aux musées; les travail-

leurs, le peuple n'ont pas d'autres moments pour se
divertir, et c'est pour eux un plaisir et un précieux ensei-
gnement. En Italie, on envisage les choses tout autrement; les gardiens des collections publiques désirent
se reposer un peu, voilà le principal; que la nation
crève dans la bêtise et l'ignorance, n'importe, pourvu
que les portiers s'amusent!

Table des Matières

ACHEVÉ D'IMPRIMER

le 7 mai 1882.

PAR A. LEFÈVRE, A BRUXELLES

POUR

Henry KISTEMAECKERS, Editeur

à Bruxelles.

Bruxelles. — Imp. A. Lefèvre, 9, rue Saint-Pierre

www.ingramcontent.com/pod-product-compliance
Lightning Source LLC
Chambersburg PA
CBHW060601100426
42744CB00008B/1267